**Pensamento social
e político brasileiro**

O selo DIALÓGICA da Editora InterSaberes faz referência às publicações que privilegiam uma linguagem na qual o autor dialoga com o leitor por meio de recursos textuais e visuais, o que torna o conteúdo muito mais dinâmico. São livros que criam um ambiente de interação com o leitor – seu universo cultural, social e de elaboração de conhecimentos –, possibilitando um real processo de interlocução para que a comunicação se efetive.

Pensamento social e político brasileiro

Gustavo Biscaia de Lacerda

Editora intersaberes

EDITORA
intersaberes

Rua Clara Vendramin, 58 . Mossunguê
CEP 81200-170 . Curitiba . PR . Brasil
Fone: (41) 2106-4170
www.intersaberes.com
editora@editoraintersaberes.com.br

Conselho editorial
Dr. Ivo José Both (presidente)
Dr.ª Elena Godoy
Dr. Nelson Luís Dias
Dr. Neri dos Santos
Dr. Ulf Gregor Baranow
Editora-chefe
Lindsay Azambuja
Supervisora editorial
Ariadne Nunes Wenger
Analista editorial
Ariel Martins

Capa
Iná Trigo (*design*)
marchello74/Shutterstock
(imagem)
Projeto gráfico
Bruno de Oliveira
Diagramação
Querido Design
Iconografia
Regina Claudia Cruz Prestes

Dados Internacionais de Catalogação na Publicação (CIP)
(Câmara Brasileira do Livro, SP, Brasil)

Lacerda, Gustavo Biscaia de
    Pensamento social e político brasileiro/Gustavo Biscaia de Lacerda. Curitiba: InterSaberes, 2017.

    Bibliografia.
    ISBN 978-85-5972-434-9

1. Ciências políticas 2. Pensamento político 3. Política – Brasil 4. Política social 5. Sociologia política I. Título.

17-05304   CDD-320.019(81)

Índices para catálogo sistemático:
1. Brasil: Pensamento social e político   320.019(81)

1ª edição, 2017.

Foi feito o depósito legal.

Informamos que é de inteira responsabilidade do autor a emissão de conceitos.

Nenhuma parte desta publicação poderá ser reproduzida por qualquer meio ou forma sem a prévia autorização da Editora InterSaberes.

A violação dos direitos autorais é crime estabelecido na Lei n. 9.610/1998 e punido pelo art. 184 do Código Penal.

Sumário

13 *Agradecimentos*
15 *Apresentação*
19 *Como aproveitar ao máximo este livro*

Capítulo 1
23 **Problemas de objeto e método**

(1.1)
28 Pensamento político brasileiro

(1.2)
46 Possibilidades metodológicas

(1.3)
51 Algumas oposições sociopolíticas e as famílias teóricas

(1.4)
62 Por que estudar o pensamento político brasileiro?

Capítulo 2
Estado demiurgo

(2.1)
Estado demiurgo *versus* sociedade desestruturada

(2.2)
Autoritarismo instrumental

(2.3)
Aplicação das oposições sociopolíticas ao Estado demiurgo

(2.4)
Visconde de Uruguai

(2.5)
José de Alencar

(2.6)
Alberto Torres

(2.7)
Oliveira Viana

(2.8)
Francisco Campos

(2.9)
Jessé Souza

(2.10)
Ideias dos autores do modelo do Estado demiurgo

Capítulo 3
Sociedade estruturada

(3.1)
Estado sufocante *versus* sociedade estruturada

(3.2)
Aplicação das oposições sociopolíticas
à sociedade estruturada

(3.3)
Tavares Bastos

(3.4)
Joaquim Nabuco

(3.5)
Rui Barbosa

(3.6)
Raimundo Faoro

(3.7)
Florestan Fernandes

(3.8)
Simon Schwartzman

(3.9)
Ideias de autores do modelo da sociedade estruturada

Capítulo 4
Modelo da complementaridade

(4.1)
Estado e sociedade como polos ativos

(4.2)
Aplicação das oposições sociopolíticas
ao modelo da complementaridade

(4.3)
José Bonifácio

(4.4)
Teixeira Mendes

(4.5)
Caio Prado Júnior

(4.6)
Sérgio Buarque de Holanda

(4.7)
Bresser Pereira

(4.8)
Ideias de autores do modelo da complementaridade

Para concluir...
Referências
Bibliografia comentada
Respostas
Sobre o autor

A sã política é filha da moral e da razão.
(José Bonifácio, citado por Carneiro, 1977, p. x)

A Moral *é uma* inspiração *e uma* aspiração: *não é o* meio, *nem o* fim, *da* ação, *nem tampouco uma* solução. *Como* inspiração – *ponto de partida da atividade mental* – *ela entra na elaboração das idéias, para transformar-se em atos; como ideal, orienta o pensamento, determinando a direção da ação. É a concepção resumida por Augusto Comte, nesta bela sentença:* Agir par affection et penser pour agir *[Agir por afeição e pensar para agir].*
(Alberto Torres, 1914, p. XXIII, grifos do original)

A Júlio César e a Augusto Comte, este teórico e aquele prático, que são os patronos de meu filho, César Augusto.

À Humanidade, objeto constante de nossos esforços contínuos.

Agradecimentos

Para que uma obra se materialize, são inúmeras as pessoas que colaboram, o que dificulta demasiadamente a elaboração de qualquer lista, uma vez que se pode cometer injustiças. Diante disso, optamos por mencionar, aqui, apenas aqueles que atuaram mais diretamente na construção deste livro.

Antes de tudo, convém sempre agradecer à verdadeira Humanidade, que, na definição de Augusto Comte, é o "conjunto dos seres convergentes, passados, futuros e presentes".

Agradeço à minha esposa, Daniela, o apoio durante a redação deste livro. Ao meu irmão, Leonardo, que leu o texto e fez inúmeras recomendações úteis, até mesmo propondo literatura auxiliar. Em sentido semelhante, agradeço a meu amigo Maurício Hirata, que fez sugestões sobre atividades didáticas.

Agradeço à minha mãe, Josefina Maria, o apoio incondicional em todas as empreitadas da vida, e à minha avó Francisca Odette, *in memoriam*, que sempre me incentivou e apoiou com seu carinho e afeto.

Não posso deixar de agradecer a meu querido filho, César Augusto, que, sem saber, também foi uma enorme fonte de estímulo e incentivo, e à minha sobrinha, Clarice, sempre alegre, simpática e fonte de inspiração.

Agradeço, ainda, aos Professores Doacir Gonçalves de Quadros e Pedro Leonardo Medeiros, a confiança e o apoio.

Por fim, agradeço à equipe da Editora InterSaberes, que me apoiou e me auxiliou em todo o processo editorial. O profissionalismo e a atenção de todos foram um estímulo adicional para redigir este pequeno manual.

Apresentação

Sem dúvida alguma, por muito tempo, o ano de 2016 será lembrado como um período atribulado, marcado por disputas políticas ferozes e pela evidência de que tanto o sistema político brasileiro quanto as elites políticas atuantes desde o fim do regime militar (1964-1985) estavam – ou ainda estão? –, por assim dizer, exauridos. Períodos como esse, de mudanças profundas e momentos de crise, estimulam a reflexão sobre a realidade e a investigação das causas das perturbações, de eventuais desdobramentos e, acima de tudo, das possíveis soluções. Aliás, bem vistas as coisas, o grande projeto da ciência moderna, em última análise, tem um caráter pragmático, isto é, seja em termos intelectuais, seja em termos práticos, o conhecimento científico tem de ter alguma serventia.

Aplicar à realidade sociopolítica brasileira os instrumentos intelectuais da ciência é uma maneira de entender o que se chama de *pensamento político brasileiro*. À primeira vista, a palavra *pensamento* pode enganar, sugerindo que se trata de um ramo da filosofia a estudar apenas elucubrações mentais. No entanto, como explicitaremos nesta obra, o pensamento político brasileiro engloba, sim, reflexões teóricas, mas elas têm base também em investigações empíricas, especialmente de caráter histórico.

Também, evidenciaremos outro aspecto: a maior parte dos autores aqui estudados, além de desenvolver carreiras políticas (nos Poderes Executivo, Legislativo ou Judiciário, nos níveis federal, estadual ou municipal), apresenta marcadas preocupações concretas. É importante ressaltarmos, todavia, que a atividade política prática não se limita, nem pode se limitar, ao exercício de mandatos eletivos ou à ocupação de cargos públicos, como o brilhante exemplo de Raimundo Teixeira Mendes (1912): a participação nos debates públicos, constituindo e integrando a opinião pública, por vezes, é até mais cidadã que o simples desempenho de atividade pública.

Convém igualmente citarmos a ciência moderna: como se sabe, ela tem, ou deve ter, um caráter universalista, fundamentado no diálogo entre indivíduos e nações no decorrer do tempo. Na expressão *pensamento político brasileiro*, o adjetivo *brasileiro* pode ensejar entendimento equivocado. Ao nos dedicarmos a essa disciplina, não estamos fechados, surdos e cegos à produção intelectual estrangeira, ao contrário, a referência ao Brasil deve transmitir a ideia de que o foco das reflexões é nosso país, porém, mantendo um importante diálogo com pensadores e políticos de outras terras.

Em outro livro publicado pela Editora InterSaberes – *Introdução à sociologia política* (Lacerda, 2016a) –, observamos que uma das mais felizes expressões desenvolvidas na Teoria Social do século XX foi elaborada pelo sociólogo estadunidense Charles Wright Mills (1972): *imaginação sociológica*. Para o autor, a imaginação sociológica consiste na capacidade que um indivíduo tem de interpretar sua situação particular tomando como referência o contexto social em que se insere; dito de outra maneira, é a capacidade de cada um em entender a própria **posição social**.

Apesar de a definição dada por Mills ser individualista, ou seja, de reduzir a sociologia aos indivíduos, em vez de defender uma concepção propriamente social (ou sociológica) de cada um, a expressão *imaginação sociológica, por si*, é útil. Nesse contexto, podemos entendê-la de maneira um pouco diferente: como a capacidade de cada um para refletir em termos sociológicos a respeito da sociedade em que vive e de outras sociedades (distantes no tempo ou no espaço). Em suma, o termo está associado a uma compreensão ao mesmo tempo global, histórica, social e institucional da própria realidade.

Neste livro, uma introdução ao pensamento político brasileiro, apresentaremos autores que se dedicaram a refletir sobre a realidade nacional no que tange às relações entre a *estrutura da sociedade* e a *organização do Estado*. Com exceções muito específicas, os estudiosos aqui mencionados convergem na preocupação em instituir e manter no Brasil uma sociedade moderna, pluralista, dinâmica e livre, assim como um Estado igualmente moderno, capaz de dar expressão aos desejos da sociedade e de prover serviços públicos de qualidade.

Assim, selecionamos 17 pensadores desde a Independência do Brasil (José Bonifácio) e da época do Império (Visconde de Uruguai, Tavares Bastos e José de Alencar) até a enorme plêiade dos republicanos (Teixeira Mendes, Alberto Torres, Rui Barbosa etc.). No caso da República, como a variedade é maior, há desde os autoritários (Oliveira Viana e Francisco Campos) e dos críticos do Estado burocrático (Raimundo Faoro, Sérgio Buarque de Holanda) até os democráticos (Florestan Fernandes, Simon Schwartzman, Bresser Pereira, Jessé de Souza) e um marxista (Caio Prado Júnior). Poderíamos ter incluído inúmeros outros autores: Luís Pereira Barreto, Vicente Licínio Cardoso, Manoel Bomfim, Azevedo Amaral, Victor Nunes Leal, Celso Furtado, Alberto Guerreiro Ramos, Ignácio Rangel, Golbery do Couto e Silva, Francisco Weffort, Fernando Henrique Cardoso etc. Evidentemente, a dificuldade não seria elencar nomes, mas atender às sempre existentes limitações de espaço. Dessa forma, os escolhidos são representativos da produção intelectual nacional de acordo com as famílias teóricas nas quais os agrupamos.

Organizamos o livro em quatro capítulos. No Capítulo 1, expomos alguns fundamentos teóricos e metodológicos do estudo do pensamento político brasileiro. Nos Capítulos 2, 3 e 4, respectivamente, separamos os autores nas famílias teóricas a serem analisadas: Estado demiurgo, sociedade estruturada e modelo da complementaridade.

Cada capítulo tem uma seção introdutória própria e, após a exposição dos conteúdos, há questões para revisão e outras para reflexão. Ao final, escolhemos algumas referências para comentar, que podem ser tomadas como um guia para os leitores que desejem se aprofundar no tema.

Nosso intuito é despertar em todos os leitores as mesmas preocupações dos 17 autores que selecionamos para representar o pensamento político brasileiro: combinar a reflexão intelectual e científica com a atividade cidadã em prol do Brasil. Em outras palavras, desejamos que esta obra sirva de exemplo e de fonte de inspiração intelectual e prática para que possamos aperfeiçoar nossas instituições e nossa vida republicana com liberdade e fraternidade.

Como aproveitar ao máximo este livro

Este livro traz alguns recursos que visam enriquecer o seu aprendizado, facilitar a compreensão dos conteúdos e tornar a leitura mais dinâmica. São ferramentas projetadas de acordo com a natureza dos temas que vamos examinar. Veja a seguir como esses recursos se encontram distribuídos no decorrer desta obra.

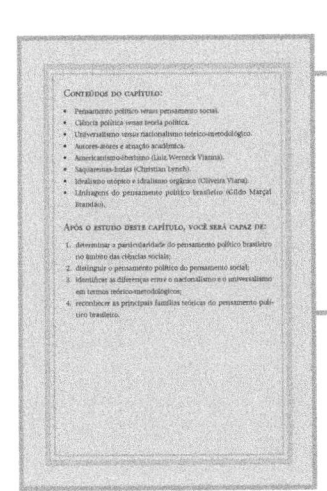

Conteúdos do capítulo:

Logo na abertura do capítulo, você fica conhecendo os conteúdos que nele serão abordados.

Após o estudo deste capítulo, você será capaz de:

Você também é informado a respeito das competências que irá desenvolver e dos conhecimentos que irá adquirir com o estudo do capítulo.

Estudo de caso

Esta seção traz ao seu conhecimento situações que vão aproximar os conteúdos estudados de sua prática profissional.

Atenção!

Nessa seção, o autor disponibiliza informações complementares referentes aos temas tratados nos capítulos.

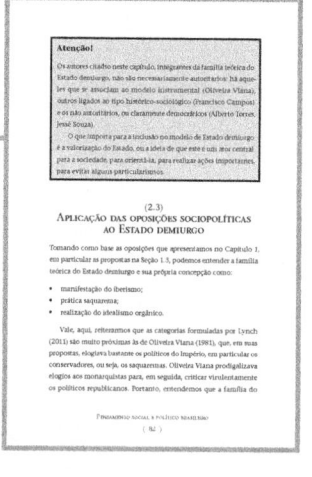

Para saber mais

Você pode consultar as obras indicadas nesta seção para aprofundar sua aprendizagem.

Síntese

Você dispõe, ao final do capítulo, de uma síntese que traz os principais conceitos abordados.

Questões para revisão

Com estas atividades, você tem a possibilidade de rever os principais conceitos analisados. Ao final do livro, os autores disponibilizam as respostas às questões, a fim de que você possa verificar como está sua aprendizagem.

Questões para reflexão

Nesta seção, a proposta é levá-lo a refletir criticamente sobre alguns assuntos e a trocar ideias e experiências com seus pares.

Gustavo Biscaia de Lacerda

Bibliografia comentada

Nesta seção, você encontra comentários acerca de algumas obras de referência para o estudo dos temas examinados.

Capítulo 1
Problemas de
objeto e método

Conteúdos do capítulo:

- Pensamento político *versus* pensamento social.
- Ciência política *versus* teoria política.
- Universalismo *versus* nacionalismo teórico-metodológico.
- Autores-atores e atuação acadêmica.
- Americanismo-iberismo (Luiz Werneck Vianna).
- Saquaremas-luzias (Christian Lynch).
- Idealismo utópico e idealismo orgânico (Oliveira Viana).
- Linhagens do pensamento político brasileiro (Gildo Marçal Brandão).

Após o estudo deste capítulo, você será capaz de:

1. determinar a particularidade do pensamento político brasileiro no âmbito das ciências sociais;
2. distinguir o pensamento político do pensamento social;
3. identificar as diferenças entre o nacionalismo e o universalismo em termos teórico-metodológicos;
4. reconhecer as principais famílias teóricas do pensamento político brasileiro.

Neste capítulo, apresentaremos algumas questões preliminares ao estudo do pensamento político brasileiro, definindo variáveis e possibilidades relevantes para a análise a ser construída. Em um primeiro momento, delimitaremos o objeto de estudo. Em seguida, veremos estratégias e abordagens utilizadas nesse estudo, isto é, trataremos sobre algumas questões de método. Por fim, refletiremos sobre a utilidade do presente estudo, expondo a justificativa em abordar o tema *pensamento político brasileiro*. Para dar início a essa jornada, vamos nos valer de uma análise de uma situação hipótetica que apresentamos no Estudo de caso, que segue.

Estudo de caso

O ano é 2050 e você lê um livro de história do Brasil que alude aos 50 anos anteriores. Nessa situação imaginária, encontra, nesse livro, o seguinte trecho:

> Após a análise das duas décadas iniciais do século XXI – período em que a chamada *questão social* entrou na agenda pública para não mais sair, sendo, em seguida, necessário lidar com o terremoto político-fiscal por que passou o Brasil a partir de meados da década de 2010 –, abordaremos as eleições presidenciais de 2022. O bicentenário da Independência do país (proclamada em 1822) serviu como parâmetro para debates públicos e reflexões sobre os rumos tomados até então e o que deveria ser feito dali em diante. Tudo isso coincidiu com a grande renovação dos quadros políticos brasileiros ocorrida nos anos anteriores, em virtude da pressão pública e das várias investigações e condenações de combate à corrupção.
>
> Nesse quadro, como é natural, surgiram inúmeras candidaturas de diversos partidos e coligações partidárias, representando os mais variados setores sociais; alguns candidatos eram mais próximos aos grupos populares, outros eram mais ligados às elites, alguns representavam apenas a si. De qualquer maneira, os discursos dos candidatos acabaram cristalizando-se em três grandes perspectivas, que eram apoiadas pelos mais variados grupos sociais.

O candidato carioca Floriano Hobbes, ex-diretor do Instituto Brasileiro de Geografia e Estatística (IBGE) e ex-Ministro do Planejamento, afirmava que o Estado brasileiro era muito importante historicamente, uma vez que estimulou o desenvolvimento econômico em vários momentos. Além disso, foi em razão da ação decidida do Estado que grupos sociais se organizaram e foram incluídos socialmente. Por esses motivos, as propostas de Floriano Hobbes consistiam em usar ativamente o Poder Público para estimular a indústria nacional e, ao mesmo tempo, reforçar os programas estatais de inclusão social, que, na visão desse canditado, eram necessários para realizar de maneira deliberada o que a sociedade ou o mercado, isoladamente, não conseguiam: a inclusão social e a organização política da sociedade.

Sem desprezar os enormes sacrifícios feitos nos anos anteriores pela população brasileira para o ajuste fiscal, o candidato carioca considerava que esse equilíbrio não era um objetivo em si, mas uma pré-condição para as grandes metas da política nacional. Além disso, sem ser xenófobo, Floriano Hobbes mantinha uma clara preocupação com a economia nacional, especialmente com a indústria.

O candidato paulista Eugênio Smith, professor universitário e empresário, adotava uma postura bem mais reticente com relação ao Estado e valorizava bastante a atuação da chamada *sociedade civil*. Sem desconsiderar a importância do Estado para a manutenção das condições gerais da sociedade, como a ordem pública e a estabilidade dos preços, Eugênio Smith entendia que um estímulo muito grande à ação do Estado poderia resultar em estrangulamento da economia, controle excessivo sobre as liberdades políticas e econômicas da sociedade e, por fim, corrupção.

Assim, referido candidato mantinha uma plataforma que buscava reunir o apoio às atividades cívicas da sociedade civil, como a constituição de organizações não governamentais e a fiscalização política e orçamentária das ações do Estado, ao estímulo econômico da iniciativa privada, como a simplificação tributária. Por um lado, a saúde fiscal do Estado era a preocupação central desse candidato; por outro, ele considerava o Brasil um dos integrantes do sistema político e econômico internacional e, sem descurar dos interesses nacionais, afirmava que o país deveria participar das estruturas internacionais de governabilidade.

Por fim, a plataforma do candidato maranhense Bonifácio Mendes, cientista político atuante na iniciativa privada, propunha que se conjugasse, de maneira decisiva, a ação do Estado em favor do desenvolvimento da economia nacional, em particular da indústria, com a sociedade civil, atuante na fiscalização do Estado e no empreendedorismo econômico.

> Bonifácio Mendes entendia que, embora o Estado brasileiro tivesse sido autoritário em alguns momentos, ele foi um importante instrumento de impulso da economia e da sociedade e, da mesma forma, ainda que a sociedade civil e o mercado tenham sido, muitas vezes, débeis ou voltados para si, são essas estruturas sociais que apresentam o dinamismo cultural e intelectual do país, que fiscalizam e orientam a ação do Estado, ou seja, que correspondem à atividade econômica produtiva.
>
> O maranhense prometia estimular as qualidades tanto do Estado quanto da sociedade e, ao mesmo tempo, propunha medidas para refrear ou combater os vícios estatais e sociais do Brasil. Tal candidato entendia que o equilíbrio fiscal era uma condição para o desenvolvimento do país, porém, a política monetária também deveria se orientar pelo estímulo à geração de empregos. Finalmente, ele também afirmava que o Brasil era integrante do mundo e que o mundo é cada vez mais vinculado em termos econômicos, políticos e culturais e, assim sendo, caberia ao país participar das estruturas internacionais, com vistas à paz comum e ao desenvolvimento nacional.

Esse relato hipotético apresenta plataformas políticas dos três principais candidatos à presidência da República em 2022. De maneira paradigmática, cada uma dessas plataformas corresponde a uma "família teórica" do pensamento político brasileiro. Nesse sentido, as propostas de Floriano Hobbes podem ser enquadradas na família do idealismo orgânico, dos saquaremas, do iberismo ou do **Estado demiurgo**; as propostas de Eugênio Smith integram o idealismo utópico, o idealismo constitucional, dos luzias, do americanismo ou do **Estado sufocante**. Por fim, a plataforma de Bonifácio Mendes corresponde ao modelo **Estado e sociedade como polos ativos**.

Ainda, é possível identificar no excerto vários elementos integrantes do pensamento político brasileiro, como as diferentes relações entre **universalismo** e **nacionalismo** político e teórico-metodológico, a conjugação de perspectivas descritivas de perspectivas normativas, bem como a atuação dos intelectuais na condição de atores políticos ou apenas de pensadores.

(1.1)
PENSAMENTO POLÍTICO BRASILEIRO

Nosso primeiro passo será delimitar o que significa a expressão *pensamento político brasileiro*. Um procedimento simples e eficiente consiste em considerar diversas oposições conceituais e, com base no exame dessas categorias, apresentar as características pertinentes e propor os princípios que orientarão a exposição no decorrer deste livro.

1.1.1 PENSAMENTO POLÍTICO *VERSUS* PENSAMENTO SOCIAL

É possível constatar uma oposição básica entre pensamento político e pensamento social. Porém, antes de distinguirmos o político do social, é importante apresentar a definição do termo *pensamento* no presente contexto.

Em um primeiro momento, *pensamento* corresponde às ideias a respeito de qualquer coisa: todos pensamos. Para as ciências sociais, a palavra *pensamento* pode também designar um nível de abstração que corresponde às concepções gerais disseminadas em uma sociedade ou às opiniões apresentadas por algum político. Em outras palavras, o pensamento pode ser entendido como as ideias populares ou as ideias próprias de um indivíduo (no caso, político).

A esse respeito, vale examinarmos, ainda que brevemente, uma classificação proposta pelo sociólogo belga Vandenberghe (2013), que distingue três níveis teóricos, de abstração, ou formas de raciocinar no âmbito das ciências sociais: a metateoria, a teoria social e a teoria sociológica.

A **metateoria** não é propriamente uma teoria sobre a sociedade, é um esforço de sistematização dos argumentos, dos conceitos, das propostas metodológicas, das concepções subjacentes às teorizações sobre a sociedade. Dessa forma, esse nível lida com concepções já formadas e busca organizar os debates, especialmente ao estabelecer oposições como "individualismo × holismo, ação × estrutura, micro × macro, idealismo × materialismo, consenso × conflito etc." (Vandenberghe, 2013, p. 19).

A **teoria social** avança em relação à metateoria, uma vez que se baseia em concepções gerais específicas (cujo mapeamento é feito pela metateoria) e procura elaborar uma teoria geral da sociedade. Dessa forma, a teoria social expõe uma concepção do que é a sociedade, qual é sua dinâmica, quais são seus elementos constituintes etc., de modo a permitir o estudo potencial de todas as situações sociais existentes. No entanto, como já abordamos em outra oportunidade (Lacerda, 2014b), é necessário notar que a teoria social apresenta certo caráter especulativo, filosófico, tendo em vista que traz reflexões sobre a realidade social do ser humano ao considerar os vários âmbitos da sociedade (direito, cultura, economia, religião etc.). Vandenberghe (2013), por sua vez, também sugere que as teorias sociais se constituem de maneira aberta, permitindo o diálogo com outras disciplinas científicas próximas a ela, como a filosofia, a história, a geografia e a psicologia.

Por fim, a **teoria sociológica** constitui-se de maneira mais específica: é menos aberta a outras disciplinas e, embora comumente proponha grandes esquemas comparativos e explicativos, sua preocupação é com tipos particulares de sociedade, como as capitalistas e as modernas, ou com fenômenos sociais determinados, como a dinâmica da economia e a dinâmica da religião (Vandenberghe, 2013).

Os conceitos que Vandenberghe (2013) postula sobre metateoria, teoria social e teoria sociológica – especialmente sobre dois últimos – podem ser aproximados do que denominamos *teoria normativa* e *teoria empírica* (Lacerda, 2016a). A **teoria normativa** formula parâmetros de avaliação da sociedade: o que é a boa sociedade, o que é certo, o que é justo etc. A **teoria empírica** descreve a sociedade, indica quais são seus elementos componentes, quais são suas relações e assim sucessivamente.

Os dois tipos de teorias têm de se apoiar mutuamente: só é possível discutir o que é uma boa sociedade se houver conhecimento de quais são as possibilidades efetivas de organização social; inversamente, ao se realizar pesquisas empíricas, são necessários parâmetros morais para conduzir essas investigações e definir o que e por que se pesquisa. Nesse sentido, podemos aproximar a teoria social da normativa e a teoria sociológica da empírica, ainda que os termos de cada um desses dois pares não correspondam exatamente entre si.

Vale apontarmos, aqui, que uma teoria entendida como *normativa* em algum momento pode tornar-se *empírica*, na medida em que as propostas normativas se transformam em realidade prática com o passar do tempo. A teoria democrática é um excelente exemplo desse processo, assim como a republicana, a liberal e, até mesmo, a socialista[1]: propostas inicialmente como valores sociais e políticos, tornaram-se formas de organização social e política e, nesse sentido, são objeto de investigações empíricas[2]. Ainda assim – e isso é da maior importância intelectual e prática –, tais teorias apresentam um caráter misto, isto é, são ao mesmo tempo normativas e empíricas.

Retomando a discussão sobre o conceito de *pensamento*, constatamos que pode ser considerado uma compreensão geral, e não

---

1   *Uma exceção a essa sequência teoria normativa-teoria empírica é o republicanismo, que surgiu inicialmente como prática, uma vez que foi a forma de governo instituída na Roma Antiga em reação às monarquias, no século VI a.e.a*. Somente bem mais tarde, por volta do século I a.e.a.*, é que se desenvolveram as teorizações sobre o republicanismo entre os romanos. Dando um gigantesco salto cronológico, no século XVI, na Europa, em meio a inúmeras monarquias, o republicanismo voltou a ser proposto como um ideal. (*a.e.a = antes da era atual)*

2   *Agradeço a excelente lembrança dessa possibilidade intelectual e prática ao Prof. Pedro Leonardo Medeiros.*

muito sistemática, sobre a realidade política ou social, que apresenta elementos normativos (indica o que é a boa política, a boa sociedade etc.) e elementos empíricos (descreve as instituições sociais e políticas existentes e suas dinâmicas etc.). Com essas características, é fácil perceber que o pensamento se aproxima do conceito de *teoria social* proposto por Vandenberghe (2013). No entanto, ao contrário da metateoria, que só pode existir após a constituição das teorias sociais e sociológicas, o pensamento existe antes destas, pois não é sistematizado e não se submete de verdade aos crivos lógico e empírico que aquelas precisam vencer.

Como resultado dessa definição preliminar, o pensamento seria uma forma assistemática e pouco rigorosa de considerar a realidade social ou política. No entanto, aplicar essa concepção ao pensamento político brasileiro é profundamente problemático, uma vez que a dificuldade não recai sobre a definição de pensamento, mas em seu emprego às reflexões desenvolvidas no Brasil a respeito da vida social e política. Isso porque ao fato de se denominarem as elaborações especificamente brasileiras de *pensamento político*, subjaz a ideia de que no Brasil existem apenas formulações gerais e pouco rigorosas intelectualmente. Na verdade, há pelo menos três possibilidades de considerar de maneira negativa as reflexões brasileiras sobre nossa realidade. São elas:

> O pensamento é uma forma assistemática e pouco rigorosa de considerar a realidade social ou política.

1. espaciais, referindo-se à produção brasileira, isto é, produzidas em território nacional;
2. temporais, referindo-se às reflexões produzidas em determinado momento histórico; e
3. reflexões que conjugam a produção especificamente brasileira com períodos históricos específicos.

Feitas todas essas distinções e definições preliminares, podemos tratar da oposição que interessa nesta seção: pensamento político *versus* pensamento social.

O **pensamento social** refere-se às concepções gerais sobre a sociedade, o que equivale a dizer que ele considera a estrutura social: a organização em classes, em etnias, em grupos de diferentes *status*; as relações hierárquicas ou igualitárias; os conflitos sociais; as mudanças ocorridas no decorrer do tempo etc. O **pensamento político** é um pouco mais específico, pois basicamente abrange duas grandes questões: as relações de poder existentes na sociedade e, de modo correlato, as relações mútuas entre o Estado e a sociedade (Lacerda, 2014b).

Nos próximos capítulos, verificaremos que muitos autores se baseiam fortemente em reflexões sociais ou sociológicas para fazer análises e propostas políticas: são os casos, por exemplo, de José Bonifácio, Teixeira Mendes, Oliveira Viana, Raimundo Faoro e Simon Schwartzman. Assim, é importante ter em mente que, no Brasil, as reflexões políticas e sociais estão, muitas vezes, próximas e se influenciam mutuamente.

De qualquer maneira, importa delimitarmos desde já e com clareza que, neste livro, enfocaremos o pensamento político, não o social. Em outras palavras, o que nos interessa aqui são as pesquisas e as propostas relacionadas à organização do Estado brasileiro e as relações de poder que ele mantém com a sociedade brasileira, além daquelas que ocorrem no interior da sociedade. Adentraremos em discussões mais especificamente sociológicas apenas à medida que forem relevantes para os aspectos políticos dos temas.

1.1.2 Ciência política *versus* teoria política

Uma segunda oposição fundamental consiste na distinção entre ciência política e teoria política. Na verdade, essa questão já foi sugerida na seção anterior, ao tratarmos das teorias empíricas e das teorias normativas (Lacerda, 2014b).

Como observa Gunnell (1981), a **ciência política** é uma disciplina de origem estadunidense, que surgiu no fim do século XIX, conjugando filosofia, história, direito e sociologia. Até a Segunda Guerra Mundial (1939-1945), a ciência política era tanto uma filosofia da história quanto uma filosofia política[3] que tratava da democracia e da república nos Estados Unidos. Após a Segunda Guerra, uma forte preocupação empírica e de aproximação com os métodos das ciências naturais modificou seus rumos, no sentido de torná-la mais científica e menos filosófica, investigando empiricamente a realidade política e buscando determinar como de fato as relações políticas são, e não como elas deveriam ser.

> **Sobre as filosofias da história**
>
> A expressão *filosofia da história* refere-se às concepções filosóficas que buscam determinar sentidos para a história humana. Algumas definem que o sentido histórico consiste na ausência de sentido, isto é, na irracionalidade dos acontecimentos humanos, com o choque constante de vontades, grupos e ideias: a filosofia alemã do século XVIII de *Sturm und Drang* (tempestade e ímpeto) ilustra essa concepção. No entanto, as filosofias da história que recebem esse nome de maneira mais clara e pertinente são aquelas que percebem o desenvolvimento de determinadas qualidades ou atividades na história e no decorrer dela.

---

3   *Embora alguns autores considerem que a filosofia política deve ser agrupada no âmbito específico da filosofia e, portanto, tenha um caráter eminentemente especulativo, podemos sem grande dificuldade entendê-la como sinônimo de teoria* política normativa, *conforme sugerimos anteriormente neste capítulo.*

> Assim, por um lado, as histórias têm um caráter cíclico, nas quais as sociedades humanas percorrem sempre as mesmas etapas de ascensão, auge, declínio e recomeço: de modo geral, os gregos e Nicolau Maquiavel (1469-1527) pensavam dessa maneira. Por outro lado, há as filosofias lineares da história, para as quais a história realiza atributos variados: no caso da teologia de Jacques-Bénigne Bossuet (1627-1704), a história revela a vontade divina; para as metafísicas de Friedrich Hegel (1770-1831) e de Karl Marx (1818-1883), a história consiste respectivamente na realização do espírito absoluto e no desenvolvimento da luta de classes rumo à emancipação do proletariado e do ser humano; para o humanismo de Augusto Comte (1798-1857), a análise científica da história percebe o desenvolvimento das características humanas na direção da positividade, do altruísmo e do pacifismo.
>
> De qualquer maneira, para se aprofundar na discussão historiográfica sobre as filosofias da história, recomendamos a leitura de Reis (2003); e para consultar uma exposição das ideias de inúmeros autores (historiadores, sociólogos, filósofos) sobre as filosofias da história, a leitura de Gardiner (1969).

O objetivo das pesquisas realizadas na área era buscar amplas generalizações para determinar leis sociológicas[4]. Esse esforço científico, que esteve presente principalmente entre as décadas de 1940 e 1960, foi chamado de *revolução comportamentalista* (Vincent, 2004). O **comportamentalismo** foi duramente criticado nas décadas de 1960 a 1980 e, mesmo tendo sofrido adaptações e alterações (Munck, 2007), ele mantém-se ainda hoje como o parâmetro básico do que se entende por *ciência política*, considerado a principal corrente da área.

Se é possível entendermos com relativa clareza o significado da expressão *ciência política*, o mesmo não ocorre com *teoria política*. O problema, nesse caso, não está na palavra *política*, mas no termo

---

4   O problema da possibilidade de leis sociológicas – ou, mais amplamente, de leis naturais nas ciências humanas – é antigo e recorrente. No século XX e no âmbito da ciência política, após o auge acadêmico dessas concepções nas décadas de 1940 e 1950, seguiu-se um período de críticas sistemáticas a essas ideias nas décadas de 1960 a 1980, associadas ao pós-positivismo e ao pós-modernismo (Vincent, 2004; Munck, 2007). Sem nos estendermos a respeito, consideramos possíveis a determinação das leis sociológicas e sua combinação com a liberdade humana (Lacerda, 2015).

teoria: como expusemos na seção anterior, a teoria pode ser tanto normativa quanto empírica. As teorias empíricas aproximam-se claramente da ciência política, correspondendo a esquemas explicativos do funcionamento da sociedade, do Estado, das relações de poder; as teorias normativas, por sua vez, aproximam-se da filosofia política, ao proporem os critérios avaliativos do que é uma sociedade justa, quais são os bons arranjos políticos sobre república, democracia etc. Adicionalmente, importa ressaltarmos que os hábitos acadêmicos consagraram a expressão *teoria política* como aquela que diz respeito exclusivamente à teoria normativa, excluindo a possibilidade – sempre presente, no fim das contas – de a expressão se referir à teoria empírica.

Neste livro, de qualquer maneira, adotaremos a expressão *teoria política* considerando a ambiguidade de seu sentido, ou seja, tanto a possibilidade empírica quanto a normativa. Esse procedimento é adequado ao objeto do pensamento político brasileiro, tendo em vista que o conjunto de autores a serem analisados nos próximos capítulos desenvolve não somente observações empíricas, mas também reflexões valorativas.

1.1.3 Universalismo *versus* nacionalismo teórico-metodológicos

Em um livro dedicado ao pensamento político brasileiro, é natural e necessário examinar com um pouco de cuidado o que significa o adjetivo *brasileiro*. Uma forma de entendermos essa questão é por meio da dicotomia teórico-metodológica entre nacionalismo e universalismo. Cada uma dessas palavras (*nacionalismo* e *universalismo*) apresenta inúmeros sentidos que variam de acordo com o contexto em que são empregadas e conforme o autor que as emprega.

Para os presentes propósitos, entenderemos *nacionalismo* como a postura segundo a qual a produção teórica, a metodológica e até a epistemológica devem ser nacionais, ou seja, devem referir-se aos problemas e às questões específicas do país. Dois resultados disso – não intencionais, é verdade, ainda que até certo ponto previsíveis – são: 1) que as investigações sobre o Brasil devem ser feitas por brasileiros e 2) que os brasileiros que realizam pesquisas devem investigar prioritariamente a realidade nacional.

Nessa perspectiva, a relação dos autores e dos pesquisadores nacionais com os estrangeiros é importante: não há propriamente xenofobia intelectual, mas sem dúvida há uma forte desconfiança a respeito da produção de autores estrangeiros, especialmente no que se refere à universalidade das teorias produzidas em outros lugares e tempos e respectiva aplicação ao Brasil contemporâneo. Essa desconfiança em várias situações não se limita às teorias explicativas; abrange também os métodos aplicados. Por esse motivo nos referimos a um *nacionalismo teórico-metodológico*.

Essa linha de pensamento pode ser exemplificada na produção do sociólogo Alberto Guerreiro Ramos (1915-1982). Em diversos livros, como *Introdução crítica à sociologia brasileira* (1957) e *A redução sociológica: introdução ao estudo da razão sociológica* (1965), o autor defende precisamente a concepção segundo a qual, diante dos enormes desafios práticos que o Brasil enfrenta, os sociólogos e os intelectuais brasileiros devem se preocupar, acima de tudo, com a realidade nacional e desenvolver teorias adaptadas a ela. De acordo com Ramos (1995), os sociólogos e os intelectuais que têm tais preocupações nacionais, ou nacionalistas, são *críticos*; em oposição a eles, os intelectuais que se desinteressam da realidade nacional são *alienados*. De qualquer forma, é interessante notar que a intensa preocupação nacionalista de Ramos não se opunha à leitura de obras de autores estrangeiros para conhecimento de outras teorias, metodologias e epistemologias com vistas a ilustrar e comparar.

Uma primeira, e bastante evidente, crítica ao nacionalismo teórico-metodológico é a que percebe essa concepção como estreita, xenófoba e ineficiente. Esse ponto de vista fundamenta-se no fato de o nacionalismo recusar, pura e simplesmente, o diálogo com outras teorias, rejeitando a aplicação de teorias de "fora" na realidade nacional, o que desencadeia o recomeço constante de todos os esforços teóricos e metodológicos de compreensão da realidade social. Em outras palavras, o rompimento com os grandes centros intelectuais internacionais (mormente a Europa e os Estados Unidos) isola as ideias do Brasil, o que acarreta prejuízo somente ao nosso país.

Uma segunda crítica, mais intelectual, consiste em depreender, nos contextos locais e temporais, a impossibilidade de realizar comparações e, com isso, de produzir generalizações. Assim, a validade e a utilidade do próprio esforço científico são colocadas em questão.

É claro que a definição do nacionalismo teórico-metodológico que apresentamos é geral e idealizada, não se referindo a nenhum caso específico. Essa observação é importante para que se considere que um pesquisador do nacionalismo teórico recusará sempre a leitura, o exame e o diálogo com autores estrangeiros, principalmente daqueles que produzem nos grandes centros intelectuais internacionais.

Exposta a perspectiva nacionalista, é fácil entender o **universalismo**[5] pela simples contraposição das ideias. O universalismo teórico valoriza a leitura, a reflexão e o diálogo com autores estrangeiros, principalmente dos grandes centros intelectuais internacionais.

---

5 *O que se contrapõe a* nacionalismo, *evidentemente, é* internacionalismo; *entretanto, para destacar a perspectiva teórico-metodológica que nos interessa e também para utilizar a terminologia consagrada, empregaremos a expressão* universalismo, *ainda que os dois termos não sejam sinônimos.*

Essa valorização pode consistir na participação – a distância ou não – nos debates mantidos por esses centros estrangeiros ou no emprego dessas pesquisas na realidade nacional. Não há preocupação específica com a originalidade teórico-metodológica: o autor nacional pode ter interesse apenas em ler e entender o que o estrangeiro produziu ou aplicar de maneira mecânica esse conhecimento à realidade nacional. Outra razão de a originalidade não ser tão almejada reside na **filiação intelectual** a correntes filosóficas, teóricas e metodológicas e, consequentemente, na busca pela aplicação à realidade nacional de parâmetros compartilhados internacionalmente.

Uma crítica bastante direta ao universalismo é a mesma feita ao nacionalismo: considerá-lo alienado, desvinculado da realidade nacional ou, pelo menos, de contextos sociais, políticos e econômicos próximos aos vividos no Brasil. Nesse sentido, em vez de estudar teorias e métodos para aplicá-lo ao país, havia a reprodução local das preocupações estrangeiras, resultando tanto na omissão perante questões essenciais ao país quanto na reafirmação de esquemas mentais que mantêm a dominação política, social e intelectual.

Convém reafirmarmos que o conceito do universalismo teórico-metodológico que expusemos é idealizado, uma vez que não consideramos nenhum autor em particular nem acreditamos que essa perspectiva rejeita a análise da realidade nacional.

As duas vertentes discutidas nesta seção opõem autores brasileiros em suas análises em dois âmbitos diferentes: (1) preocupação com a realidade nacional e (2) análise dos autores brasileiros que investigaram a realidade nacional. O estudo dos autores é uma pesquisa, por assim dizer, de segunda ordem, que pode bastar em si (no caso em que o interesse recai apenas sobre as ideias de determinados autores) ou servir de base para elaborações posteriores (nesse caso, o estudo de segunda ordem serve como elemento para a investigação principal). Assim, realizando uma interpretação mais livre, entendemos que o par nacionalismo-universalismo pode se referir ao objeto ou propriamente às questões teórico-metodológicas do pensamento político brasileiro.

Finalmente, podemos conceituar *pensamento político brasileiro*. Nosso objeto de estudo são autores brasileiros que refletiram sobre a realidade política nacional. Para tanto, adotaremos o nacionalismo quanto ao objeto. Desde pelo menos o século XIX – os autores mais antigos que examinaremos serão José Bonifácio (1763-1838), Visconde de Uruguai (1807-1866) e Aureliano Tavares Bastos (1839-1875) –, desenvolvem-se reflexões autóctones sobre a realidade nacional, bem como análises sobre as reflexões prévias. Esses esforços têm-se intensificado nas últimas décadas, com o fortalecimento das pesquisas realizadas nas universidades brasileiras. Dessa forma, há inúmeros parâmetros, categorias e procedimentos desenvolvidos no Brasil para análise de nossa realidade, o que sugere, em princípio, um nacionalismo propriamente teórico-metodológico, mas é importante notar que, ao mesmo tempo que a reflexão sobre a realidade nacional tem-se desenvolvido com crescente vigor, ela não é puramente autóctone e, de modo geral, mantém um intenso diálogo com a produção científica internacional. Nesse contexto, optamos por desenvolver aqui uma abordagem teórico-metodológica mista, ou seja, que contempla tanto a perspectiva do universalismo quanto do nacionalismo[6].

---

6   *Convém indicarmos, de qualquer maneira, que, contrapondo os possíveis defeitos de cada uma das perspectivas que idealizamos aqui, pessoalmente consideramos os eventuais problemas do nacionalismo maiores que os do universalismo. Dito isso, logo adiante verificaremos que, muito embora o particularismo teórico resultante de uma concepção estreita do nacionalismo tenha de ser evitado, o universalismo teórico pode esconder outra forma de particularismo – a qual, portanto, deve ser igualmente evitada.*

1.1.4 Autores-atores e atuação acadêmica

A área do pensamento político brasileiro apresenta uma característica bastante importante e curiosa: uma quantidade muito grande do que convencionamos chamar *autores-atores*. Com essa expressão, referimo-nos aos intelectuais que, tendo refletido sobre a realidade política brasileira, desenvolveram atividades políticas práticas como governantes, deputados, senadores, juízes, entre outros cargos políticos e administrativos, em quaisquer esferas dos três poderes (Executivo, Legislativo e Judiciário) nos três níveis de governo do Brasil (nacional, estadual, municipal).

Os **autores-atores** caracteristicamente têm formação de nível superior nas mais diferentes áreas, embora haja uma grande concentração em direito e nas duas outras áreas clássicas no país, medicina e engenharia[7]. Durante ou após a atuação pública, elaboraram suas observações sobre a realidade política nacional, fazendo diagnósticos e propondo soluções para o país, por meio de artigos e trabalhos científicos ou de, decisões tomadas durante sua atuação política[8].

---

7 Carvalho (1996) faz uma análise cerrada sobre a formação da elite política do Império brasileiro (1822-1889), indicando a frequência dos cursos de nível superior (incluindo os membros das Forças Armadas e do clero) e sua evolução no decorrer do tempo – esse estudo é o que se chama de prosopografia. Embora não tenhamos conhecimento de nenhum estudo prosopográfico sobre a formação acadêmica dos autores pesquisados no pensamento político brasileiro desde o século XIX, houve uma progressiva alteração desse perfil acadêmico durante o século XX, passando da predominância do direito para a das ciências sociais em sentido estrito (ou seja, sociologia e ciência política).

8 Com poucas exceções, os autores abordados neste livro são autores-atores, mesmo os mais recentes – como Jessé Souza e Luís Carlos Bresser Pereira – exibem a conjugação da atividade intelectual com a atividade política prática. Períodos de ebulição social estimulam esse aspecto, como o regime militar inaugurado em 1964, que resultou na ativação política de toda uma geração de intelectuais, conforme afirma Lahuerta (2001).

Embora a atividade política prática seja predominante, é necessário notar que há **autores puros**, isto é, que refletiram e compreenderam o tema sem necessariamente terem exercido cargos públicos, não obstante atuassem politicamente por meio de seus escritos.

Uma característica correlata à presença dos autores-atores no âmbito do pensamento político brasileiro refere-se à **atuação universitária** de muitos deles. Esse traço, todavia, tem uma história bastante marcada, pois se vincula à criação do sistema universitário brasileiro – a partir da década de 1910 (fundação das universidades de Manaus, São Paulo e Paraná, respectivamente em 1910, 1911 e 1912, e com a decisiva fundação da nova Universidade de São Paulo, a atual USP, em 1930) – e a implantação e consolidação do sistema nacional de pós-graduação a partir dos anos 1960.

Dessa forma, podemos estabelecer uma periodização para o pensamento político brasileiro com pelo menos duas grandes fases: antes e depois do advento do sistema universitário. E precisarmos uma marco dessa divisão, sugerimos que seja o ano de 1950[9].

Na fase anterior ao sistema universitário, é possível ainda identificar outra divisão, que aprofunda um pouco os dois critérios expostos (autores-atores e atuação universitária). Há diversos intelectuais incluídos usualmente na rubrica de pensamento político brasileiro que tinham um perfil estritamente intelectual (não vinculado à atuação política) e que não se filiavam a universidades (que, ademais, apenas começavam a existir), os quais integram o que se chamou de *ensaísmo*. Esses intelectuais eram produtores de ensaios de interpretação da realidade nacional. Apontamos o ano de 1930 como

---

9   *É claro que essa data, como qualquer periodização, tem certo elemento de arbitrariedade, de tal sorte que poderíamos também considerar 1960. Todavia, este é um ano muito avançado, pois nessa época já existiam inúmeras universidades no Brasil e, ao mesmo tempo, deixaríamos de lado a produção acadêmica no âmbito do pensamento político brasileiro da década anterior. Assim, parece-nos que 1950 é um ano adequado para nossos propósitos.*

início desse período, haja vista que, nessa década, foram publicados alguns dos mais importantes ensaios, como os de Caio Prado Júnior (*Evolução política do Brasil*, de 1933) e de Sérgio Buarque de Holanda (*Raízes do Brasil*, de 1936).

Para evitar a ausência de localização temporal, convém definirmos uma data que indique o início da atuação dos autores-atores: considerando que no ano de 1822 foi proclamada a Independência do Brasil e que a atuação de José Bonifácio se estabeleceu nessa década, nosso marco inicial será o ano de 1822.

No Quadro 1.1, sumarizamos as fases do pensamento político brasileiro, conforme apresentamos nesta seção.

Quadro 1.1 – Fases do pensamento político brasileiro

Tipo de autores	Início	Características
Autores-atores	1822	Vinculação teoria-prática
Ensaístas	1930	Separação teoria-prática e distância inicial da universidade
Atuação acadêmica	1950	Separação teoria-prática e inserção universitária

Bem vistas as coisas, o que é sugerido no Quadro 1.1 é a progressiva separação entre as atividades mais marcadamente intelectuais e as atividades políticas práticas; tal separação está vinculada intimamente à institucionalização do sistema universitário no Brasil. Sem desejarmos afirmar que não haja mais políticos que reflitam profundamente ou pensadores que atuem politicamente – afinal de contas, alguns dos autores que abordamos neste livro têm, precisamente, esse perfil –, o que se tem neste início do século XXI, de modo geral, é uma forte profissionalização dos intelectuais, que se veem como intelectuais puros; ao mesmo tempo, também os políticos se assumem como profissionais, como políticos de carreira. É claro que essa dupla profissionalização não impede os intercâmbios entre os dois âmbitos; na verdade, as trocas entre políticos e intelectuais têm, necessariamente, de aumentar, para a elaboração e a avaliação adequada das políticas públicas.

1.1.5 POR QUE *PENSAMENTO POLÍTICO BRASILEIRO*, E NÃO *TEORIA POLÍTICA*?

Neste momento, é necessário realizarmos um balanço das distinções até aqui expostas e procurarmos responder com clareza à pergunta: Afinal, por que pensamento político brasileiro, e não teoria política?

Conforme expusemos, a palavra *pensamento* pode se referir ao conjunto de ideias compartilhadas em uma sociedade – e, nesse caso, aproxima-se do conceito de *cultura* – e pode também aludir às reflexões elaboradas por um pensador qualquer, seja ele um pensador sistemático, seja um pensador esporádico. No entanto, as reflexões de pensadores também recebem a designação *teoria política* (sobretudo no caso da teoria política normativa), e essa disparidade enseja um problema.

Parece-nos que, no caso do Brasil, há pelo menos dois motivos para o emprego da expressão *pensamento político* em vez de *teoria política*, e ambas as razões resultam na desvalorização das reflexões autóctones.

Em primeiro lugar, há uma **perspectiva colonialista** dos grandes centros intelectuais internacionais, que reservam para a própria produção o título de *teoria política* (sem dúvida, mais elegante e de maior *status*), relegando a outros países e locais a classificação de *pensamento*. Isso quer dizer que as reflexões elaboradas no Brasil, como as feitas em outros lugares que não a Europa e os Estados Unidos, não teriam a qualidade, o rigor e a sistematicidade adequados para serem alçados à dignidade de verdadeiras *teorias políticas*, devendo permanecer no nível inferior do *pensamento*.

O universalismo teórico-metodológico pode originar, ou até esconder, uma clara desvalorização dos pensadores nacionais. A esse respeito, os autores partidários do nacionalismo teórico-metodológico estão certos; por exemplo, Darcy Ribeiro (1922-1997) observava, nos anos 1960 e 1970, que havia uma divisão internacional do trabalho intelectual, em que cabia aos países periféricos a realização de pesquisas empíricas – o trabalho "braçal" –, ao passo que a produção teórica seria exclusiva dos países centrais. Evidentemente, para esse grande antropólogo, essa divisão não era aceitável, nem o impedia de elaborar suas teorias sociais. O comentário de Ribeiro (citado por Silva, 1993, p. 147) vale a pena ser transcrito:

> Sobretudo os cientistas sociais abrem a boca para que fale [Claude] Lévi-Strauss ou [Louis] Althusser. A grande alienação é essa. Há uma vinculação ao último grito de Paris, Nova Iorque ou Londres. Não se procura o conhecimento aqui. Na minha geração, uma quantidade de antropólogos aderiu ao estruturalismo e deu com os burros na água, pois para a França o estruturalismo não tinha importância alguma. A obra deles é uma nota de rodapé de página do Lévi-Strauss ou Althusser. Nenhum deles faz esforço real para ajudar a construir a cultura brasileira.

É necessário valorizar a reflexão elaborada tanto *no* país quanto *sobre* o país. Nesse contexto, elaborações adaptadas à realidade nacionais são necessárias, sejam produções totalmente origina, sejam adaptações locais das teorias produzidas em outras plagas. Ainda sobre esse assunto, o artigo de Levin (1973), cujo título é bastante sugestivo – *What Makes a Classic in Political Theory?* [*O que faz um clássico na teoria política?*] –, evidencia outro aspecto na área de teoria política, qual seja, que os autores citados como dela integrantes são incluídos basicamente por questões costumeiras, por mero tradicionalismo.

A outra origem para a expressão *pensamento político*, ironicamente, é nacional e deve-se principalmente à atuação do sociólogo paulista **Florestan Fernandes** (1920-1995), cuja atuação é marcante especialmente nas décadas de 1950 e 1960, ao desejar constituir um núcleo brasileiro de pesquisas científicas sobre a sociedade vinculado às universidades e, de modo mais específico, à Universidade de São Paulo (USP). Seu intuito era cientificizar as investigações feitas sobre o Brasil. Nesse sentido, realizou inúmeras pesquisas empíricas, teóricas e metodológicas extremamente rigorosas sobre a realidade nacional, e formou um grupo de pesquisadores ao seu redor, a *Escola Paulista de Sociologia*, incluindo nomes como Fernando Henrique Cardoso, Octávio Ianni e Francisco Correa Weffort.

O esforço desenvolvido por Fernandes para institucionalizar uma ciência social no Brasil tinha um efeito colateral daninho: na medida em que valorizava o próprio esforço, desvalorizava – ativamente – as investigações feitas antes dele. Assim, de acordo com a narrativa de Fernandes, se ele realizava ciência, os autores anteriores realizavam ensaísmo; se ele mesmo produzia teorias social e política, seus predecessores produziam pensamentos social e político. Isso quer dizer que, em seu esforço para a institucionalização de práticas de produção de conhecimento propriamente científicas e modernas sobre a realidade nacional, Fernandes adotou um parâmetro no mínimo ingênuo de cientificidade, o qual desvalorizou toda uma tradição rica, importante e produtiva de reflexão sobre o Brasil.

A década de 1950, conforme mencionamos, foi um divisor de águas entre uma fase pré-universitária e uma fase universitária, as quais, de acordo com a narrativa de Fernandes, correspondem, respectivamente, a etapas pré-científica e científica. Como nos parece incorreta e nociva essa desvalorização das reflexões sociopolíticas brasileiras anteriores a 1950, preferimos entender essa década não em termos epistemológicos (relacionados à qualidade das pesquisas feitas), mas consoante **aspectos institucionais**, isto é, no que se refere ao desenvolvimento dessas pesquisas de modo profissional, em universidades.

De qualquer maneira, a expressão *pensamento político brasileiro*, utilizada para referir-se às reflexões pré-científicas, teve amplo sucesso e, certa ou errada, consagrou-se. Ainda que possa apresentar um viés negativo, continua sendo empregada como sinônimo do conjunto da **produção sobre a realidade política brasileira**, o que, consequentemente, é também a definição de **teoria política**.

(1.2)
Possibilidades metodológicas

A investigação do pensamento político brasileiro tem base histórica, ou seja, o estudo das ideias é feito o tempo todo, conforme os respectivos contextos. Essa contextualização tem, pelo menos, três objetivos:

1. Relacionar as ideias dos autores às situações sociais e políticas em que foram escritas, a fim de se entender as razões que subjazem essa produção. Nesse caso, o que importa é aumentar e melhorar a compreensão das próprias ideias.
2. Compreender como os contextos sociais, políticos, econômicos etc. influenciam na elaboração e na modificação das ideias. Aqui, o importante é examinar o papel do contexto sociológico na criação das ideias.
3. Transportar as ideias para outros contextos para verificar suas relações, principalmente, atualizando-as. Nesse caso, o objetivo é valer-se das ideias elaboradas em outros momentos e diante de situações diversas para refletir sobre a realidade atual.

A literatura especializada consagrou especialmente essas três modalidades, de modo que cumpre aqui citá-las; porém, isso não quer dizer que não existam outras possibilidades.

Dando continuidade, podemos considerar pelo menos duas grandes **abordagens metodológicas** para o pensamento político brasileiro: (1) a da história das ideias e (2) a da ciência política, que respectivamente consistem na perspectiva teórico-cronológica e na perspectiva empírica.

Na **abordagem teórico-cronológica** interessa entender as ideias – seus argumentos, suas consequências, suas lacunas, suas contradições; por isso, é uma abordagem dita *teórica*. A contextualização e o confronto dessas ideias com suas realidades sociais, políticas, econômicas permitem compreender melhor as relações entre a formulação de ideias e as interfluências entre estas e a sociedade. Isso evidencia que as ideias não existem no vazio, pois cada um de nós pensa e reflete a respeito das situações que enfrenta, e os enfrentamentos ensejam novas realidades, que, por sua vez, são objeto de outras reflexões, em um encadeamento sem fim. O estudo das relações entre as ideias, especialmente no decorrer do tempo, conduz à compreensão cronológica ou diacrônica[10] das ideias.

Para exemplificar, adiantemos um pouco a exposição: de acordo com a abordagem teórico-cronológica, podemos comparar as possíveis relações teóricas existentes entre os conceitos de *idealismo orgânico*, de Francisco José de Oliveira Viana (1883-1951), e de *estamento burocrático*, de Raymundo Faoro (1925-2003).

---

10 *Como fica bastante evidente, a palavra* diacrônica *refere-se ao comportamento e às alterações de algum fenômeno social conforme o transcurso do tempo. Em oposição e de maneira complementar às considerações diacrônicas, há também a visão sincrônica, que aborda a existência e o funcionamento de um fenômeno social em um momento específico do tempo, ou melhor, sem considerar a passagem do tempo.*

Oliveira Viana escreveu suas obras entre as décadas de 1920 e 1940, afirmando a necessidade de uma abordagem realista para o exame das relações entre a sociedade brasileira e o Estado nacional. Em sua concepção, era necessário instituir no Brasil um Estado nacional forte e centralizado para combater os particularismos locais[11]. Já Faoro, com produção que remonta ao fim dos anos 1950, via no Estado brasileiro um herdeiro do Estado português, cuja preocupação era controlar e normatizar a via social e política submetida a ele. Nesse caso, a burocracia estatal desenvolveu autonomias política e social, sendo distinta do conjunto da sociedade e com a preocupação de perpetuar-se no tempo, constituindo-se, dessa forma, em um **estamento social**. Para Faoro, esse estamento burocrático sufocava a sociedade brasileira e mantinha o Estado com estrutura ineficiente e pesada.

É possível considerarmos inúmeras relações entre esses dois conjuntos de ideias, surgindo daí algumas conjecturas: Faoro estudou as obras de Oliveira Viana? Teria sido por ele influenciado? O idealismo orgânico e o Estado nacional centralizado e forte integrariam a concepção de estamento burocrático? Inversamente, Oliveira Viana concordaria com o diagnóstico feito por Faoro?

A **abordagem empírica** está menos preocupada com as ideias, e suas coerências e incoerências, e mais com a possibilidade de investigar, com base nelas, as realidades social e política. Desse modo, a abordagem empírica distancia-se de uma prática de caráter especulativo, ou filosófico, e adota as várias ideias arroladas no pensamento social brasileiro como hipóteses de trabalho. Aliás, é importante compreendermos, com bastante clareza, que os autores arrolados no pensamento político brasileiro elaboraram suas reflexões e propuseram suas

---

11 Nesse sentido, Oliveira Viana elaborou a categoria prévia de "insolidarismo" para descrever, precisamente, a falta de solidariedade e de elementos de união nacional no Brasil.

categorias com objetivos empíricos – suas obras procuram descrever a realidade nacional.

Dito de outra maneira, esses autores entendem suas obras como investigações empíricas, e as reflexões posteriores (de discípulos, comentaristas e críticos) é que passam a encará-las como investigações mais normativas ou mais especulativas. É claro que entender uma obra sob uma perspectiva mais normativa ou especulativa não é algo ruim, afinal de contas, as investigações especulativas geram novas possibilidades interpretativas e, com isso, novas linhas de pesquisa. Dessa forma, é importante não perder de vista o caráter empírico das formulações do pensamento político brasileiro, e, ao mesmo tempo, entender as várias relações possíveis entre as abordagens teórico-cronológicas e as empíricas.

Retomando o exemplo anterior, na abordagem empírica, procura-se investigar se existem, de fato, as premissas da proposta de idealismo orgânico de Oliveira Viana e o conceito de estamento burocrático de Faoro.

Como observamos, Oliveira Viana, ao escrever, tinha em mente a realidade brasileira aproximadamente de 1870 até a década de 1920. Nesse recorte específico, a abordagem empírica questiona: O Brasil seria constituído realmente por uma pluralidade de estados autônomos e frouxamente vinculados entre si, cada qual dominado por grupos particularistas? A proposta aventada por Oliveira Viana, de um Estado nacional centralizado, seria possível no Brasil daquela época? Quais seriam as condições sociais, políticas, econômicas, institucionais e intelectuais?

No que tange às concepções de Faoro, que se concentraram em uma realidade que começava em Portugal do século XII e estendia-se ao Brasil do século XX, a abordagem empírica consiste em perguntar:

A burocracia estatal brasileira, de fato, estruturava-se na forma de um estamento? Existia mesmo, no país, uma sociedade civil articulada e viva, porém, sufocada pelo estamento? Como seria possível determinar concretamente esse sufocamento? Durante esse período, seria possível averiguar a ocorrência do estamento burocrático? A sociedade civil sufocada existia somente no Brasil ou havia enfrentado problemas, em séculos anteriores, também em Portugal e no restante da Europa?

Transformando as concepções teóricas de Oliveira Viana e de Faoro em hipóteses ou, ainda, em questões a serem investigadas empiricamente, é fácil perceber que dificilmente são conciliáveis. Em certo sentido, são opostas: para Oliveira Viana, a sociedade é desestruturada e particularista e há a necessidade de constituir-se um Estado nacional que a estruture e a torne virtuosa; para Faoro, a sociedade é estruturada e apresenta elementos de virtude política, mas um Estado grande e pesado sufoca-a e oprime-a.

> Como podemos notar, a abordagem teórico-cronológica é mais fluida no que respeita às ideias, ou seja, apresenta um caráter mais especulativo: é possível propor interpretações e relações com grande liberdade, sem se preocupar se elas correspondem às realidades social e institucional. A abordagem empírica toma as ideias do pensamento político brasileiro de maneira mais literal, a fim de verificar se são corroboradas ou rejeitadas pela realidade dos fatos, e se as ideias teóricas são boas ou más descrições da realidade social etc.

Cumpre ainda enfatizarmos um aspecto central da distinção que desenvolvemos nesta seção. Os dois tipos de abordagens metodológicas (teórico-cronológica e empírica) são designações gerais que demos a inúmeros métodos específicos, cada qual com objetivos particulares. As várias funções, as diversas questões formuladas, as inúmeras possibilidades teóricas indicam que não há uma única metodologia teórico-cronológica ou apenas uma metodologia empírica. Muitas vezes, aliás, é possível que abordagens empíricas tenham de se juntar às teórico-cronológicas e vice-versa. Essas possibilidades apresentam-se para cada objeto investigado e variam de acordo com questões estudadas pelos pesquisadores e suas preferências metodológicas.

Sobre isso, na próxima seção, apresentaremos algumas categorias analíticas que servem para orientar a investigação empírica e as reflexões normativas. Tais categorias analíticas têm origem empírica, mas foram propostas com diferentes objetivos por historiadores das ideias e do pensamento político brasileiro.

(1.3)
ALGUMAS OPOSIÇÕES SOCIOPOLÍTICAS E AS FAMÍLIAS TEÓRICAS

A área acadêmica do pensamento político brasileiro é ao mesmo tempo antiga e recente. Existem pesquisadores que investigam e sistematizam as reflexões feitas no Brasil e sobre o país há muitas décadas. Sem dúvida, o fortalecimento do sistema universitário e das pós-graduações estimulou as reflexões do pensamento político brasileiro, em particular dos anos 1960 em diante[12]. Entretanto, apenas há pouco tempo é que se estabeleceu a divisão institucional nomeada de *pensamento político brasileiro* – tanto é que, somente em 2012, a Associação Brasileira de Ciência Política (ABCP) criou um grupo de trabalho (GT) com esse nome, desmembrado-o do GT de Teoria Política e reunindo pesquisas e pesquisadores no IX Encontro

---

12 *Sem necessariamente concordarmos com Lynch (2013), ressaltamos que esse autor atribui a fundação do pensamento político brasileiro às pesquisas e às atividades desenvolvidas, desde meados dos anos 1960, por Wanderley Guilherme dos Santos, na medida em que elas valorizaram tanto o aspecto de reflexão racional autóctone sobre o país quanto o âmbito especificamente político dessa área de investigação.*

da ABCP, realizado em 2014. Aliás, da mesma maneira, os encontros anuais da Associação Nacional de Pós-Graduação e Pesquisa em Ciências Sociais (Anpocs) só recentemente viram surgir um GT específico de pensamento político brasileiro, distinto do GT de pensamento social brasileiro.

Nesse campo, algumas categorias analíticas têm sido empregadas para a reflexão sobre a história do pensamento e das práticas políticas brasileiras. Esses conceitos são formulados, de modo geral, como oposições polares, ou seja, que se opõem mutuamente. É claro que, nos próximos capítulos, veremos outras categorias, mas as indicadas a seguir têm sido usadas com grande frequência. Além disso, importa reforçarmos que essas categorias têm origens empíricas e são utilizadas atualmente com fins tanto teórico-cronológicos quanto propriamente empíricos.

As oposições que serão tratadas na sequência são as mais celebradas e estruturam o pensamento político brasileiro em modelos analíticos ou em **famílias teóricas**[13] – como adotaremos neste livro, de acordo com a sugestão de Brandão (2007). Por outro lado, a maneira como separamos os diversos autores do pensamento político brasileiro – (1) Estado demiúrgico, (2) sociedade estruturada e (3) modelo da complementaridade – constitui um critério de classificação alternativo aos que apresentaremos a seguir.

Também é importante notar que não se trata meramente de fazer concorrência a autores que nos precederam, uma vez que diferentes critérios de classificação atendem a diversas necessidades lógicas, teóricas e políticas. Nesse sentido, a classificação que propomos parece-nos a mais lógica e a mais didática e foi elaborada de

---

13 Desde já, é importante indicarmos que, a respeito desse tema, usaremos as expressões modelo analítico, família teórica e família intelectual *de maneira intercambiável.*

acordo com o balanço das propostas dos autores que examinaremos, procurando evitar alguns problemas teóricos que elas apresentam.

1.3.1 LUIZ WERNECK VIANNA:
AMERICANISMO E IBERISMO

Embora um tanto antiga[14], a primeira oposição, entre americanismo e iberismo, tem sido empregada largamente por Luiz Werneck Vianna (2004a; 2004b). Na verdade, esse autor evidencia a oposição conforme as reflexões mais recentes feitas pelo crítico literário estadunidense Richard Morse (1988), que, no livro *O espelho de Próspero*, também contrapõe os estilos de sociedade originários dos países anglo-saxões aos originários da Península Ibérica.

As descrições habituais dos dois tipos de sociedade consideram que o mundo anglo-saxão é mais desenvolvido, baseando-se nos direitos individuais e no conceito de *contrato social* – isto é, na ideia de que a sociedade e o Estado existem para a **proteção da liberdade individual** –, e, consequentemente, o individualismo dava origem ao **igualitarismo**. Em oposição a isso, o mundo ibérico era fundamentado no conceito de *comunidade*, em que a sociedade corresponde a uma totalidade que deve **proteger os indivíduos** – o Estado figura como poderoso agente dessa proteção –, o que acarretou o atraso do mundo ibérico e as **estagnações econômica, social e política**.

Trazendo essa oposição para o Novo Mundo (ou seja, para as Américas), à sociedade de origem anglo-saxã corresponde o título *americanista*, em referência à concepção europeia de que a América descreve, antes de tudo, os Estados Unidos; ao passo que as sociedades de origem ibérica são, precisamente, do tipo *iberista*. Aliás, nesse

---

14 Pelo menos desde o início do século XX, muitos autores propuseram conceitos semelhantes, como Clodomir Viana Moog, na obra Bandeirantes e pioneiros, de 1954 (Moog, 1981), ou mesmo Sérgio Buarque de Holanda, em Raízes do Brasil, de 1936 (Holanda, 1963).

sentido, Vianna (2004a) observa que é mais correta a terminologia *América Ibérica* que *América Latina* para referir-se ao conjunto dos países situados ao Sul do Rio Grande, isto é, do México para baixo.

Em linhas gerais, Morse (1988) adota essa descrição, mas inverte os termos valorativos: em vez de avaliar como ruim o viés comunitário da perspectiva ibérica, ou seja, como fonte de atraso, ele considera que essa perspectiva aponta para o futuro ao permitir a realização do bem-estar na vida coletiva. Por sua vez, a perspectiva adotada por Vianna é um pouco ambivalente; ele tende para a concepção de Morse, valorizando o iberismo, mas reconhece a importância do individualismo e do igualitarismo de origem anglo-saxã, além da própria origem iberista desses traços americanistas na América Ibérica.

> O "Estado forte", para Vianna (2004a), não era o Estado autoritário que uma tradição puramente iberista consagraria, mas um Estado capaz de orientar a sociedade e coibir os excessos que o puro individualismo burguês (ou anglo-saxão) produz.

O "Estado forte", para Vianna (2004a), não era o Estado autoritário que uma tradição puramente iberista consagraria, mas um Estado capaz de orientar a sociedade e coibir os excessos que o puro individualismo burguês (ou anglo-saxão) produz.

Em todo caso, cumpre assinalarmos que, para Vianna, o par americanismo-iberismo constitui-se em uma oposição fundamental para investigar o Brasil e as reflexões sobre o país. Essa importância é evidente no subtítulo de um de seus livros (Vianna, 2004b): *Iberismo e americanismo no Brasil*. No artigo *Americanistas e iberistas*, Vianna (2004a) avalia, por exemplo, o "debate"[15] entre Tavares Bastos e Oliveira Viana: o primeiro seria claramente americanista, ao

---

15 *Destacamos entre aspas a palavra* debate *por um motivo bastante simples: como a produção de Bastos data das décadas de 1860 e 1870, e a de Viana, de 1920 a 1950, não houve efetivamente um debate entre ambos, mas sim uma leitura e algumas críticas feitas por este sobre as ideias daquele.*

defender o liberalismo político e econômico e o individualismo; ao passo que o segundo seria iberista, ao defender que ao Estado cabe organizar a sociedade e a solidariedade social.

1.3.2 CHRISTIAN LYNCH: SAQUAREMAS E LUZIAS

A segunda oposição teórica que desejamos citar foi desenvolvida nos últimos anos por Christian Lynch. Estudioso do pensamento político do Império (1822-1889) e da Primeira República (1889-1930), Lynch retoma a oposição e os apelidos consagrados entre os liberais e os conservadores do Império: os liberais seriam "luzias" e os conservadores, os "saquaremas". De maneira didática, Lynch (2011, p. 22) explica as origens e os conteúdos dessas expressões:

> É possível aproximarmos o par iberista-americanista do par saquarema-luzia: os saquaremas são próximos do iberismo, os luzias são correlatos ao americanismo.

> *"Saquarema" é a denominação dada aos conservadores do Império. "Luzia" é o apelido dedicado aos liberais da época. Chamavam-se assim por duas razões. Saquarema era o nome do município do Rio onde um dos líderes conservadores, o Visconde de Itaboraí, tinha uma fazenda. Ali o grupo se reunia com frequência. Luzia era uma referência a uma pequena cidade de Minas Gerais, Santa Luzia, onde ocorreu a maior derrota dos liberais nas revoltas de 1842. [...] Os saquaremas, conservadores, defendiam a centralização do poder; os luzias, liberais, pregavam a monarquia federativa, opondo-se ao Poder Moderador e ao Senado vitalício, dominado pelos conservadores.*

Nesse contexto, podemos inferir que os saquaremas eram os conservadores ou os favoráveis à centralização política e administrativa; já os luzias eram os liberais ou os favoráveis à descentralização e ao federalismo político-administrativo. Como é fácil notar, é possível aproximarmos o par iberista-americanista do par saquarema-luzia: os saquaremas corresponderiam ao iberismo, e os luzias seriam correlatos ao americanismo. No entanto, ressalvamos que é necessário tomar cuidado com essa aproximação, uma vez que esses pares têm suas próprias origens e aplicações, ou seja, não é correto pura e simplesmente tomar essas oposições como intercambiáveis.

1.3.3 Oliveira Viana: idealismo utópico e idealismo orgânico

A terceira oposição já foi apresentada na Seção 1.2: trata-se do par definido por Oliveira Viana (1981; 1987) para criticar a obra dos deputados que produziram a Constituição de 1891 (a primeira Constituição republicana) à luz do que entendia ser a atuação dos políticos imperiais. Nesse sentido, para Oliveira Viana (1981), os dois grupos de políticos agiam com base em ideais, por isso recebiam o título básico de *idealistas*, mas os integrantes do Império eram *orgânicos*, ou seja, entendiam a realidade que viviam e, de acordo com ela, buscavam elaborar uma política adequada ao país. Em contraposição a isso, Oliveira Viana (1981) afirma que os deputados da República eram *utópicos*, em uma acepção negativa, isto é, como pessoas bem-intencionadas, mas desconhecedoras da realidade nacional, que consagraram a separação entre o Brasil real e o Brasil formal (da Constituição).

De modo mais específico, para Oliveira Viana (1987; 2005), o grande problema do Brasil era o insolidarismo dos vários grupos sociais, em particular dos poderes locais (grandes chefes políticos de municípios e estados), para os quais a criação de um país verdadeiro, com laços orgânicos, estava atrelada à necessária aceitação da realidade e, para combatê-la, era preciso criar ou manter um Estado centralizado.

Segundo Oliveira Viana, a **sociedade ideal** era aquela em que os indivíduos têm liberdades e direitos garantidos; o problema é que, no Brasil, a consagração pura e simples desses direitos resulta apenas na afirmação do particularismo, ou seja, a realidade concreta está na direção oposta a dos ideais. Por esse motivo, seria necessário antes um Estado centralizado para criar as condições sociais para o liberalismo.

É possível traçar um paralelo entre o idealismo orgânico, elaborado por Oliveira Viana (1981), do iberismo, de Vianna (2004a), e dos saquaremas, de Lynch (2011). Todavia, o idealismo utópico não se aproxima do americanismo nem de luzias, pois é mais que uma categoria descritiva; acima de tudo, é um julgamento político e moral elaborado por Oliveira Viana. Os ideais perseguidos pelos idealistas utópicos poderiam ser, eventualmente, próximos dos luzias ou dos americanistas; todavia, na rígida definição de Oliveira Viana, os idealistas utópicos desconheciam completamente a realidade e não faziam ideia dos meios que deveriam adotar para obter seus fins. Sendo mais precisos: o problema não era desconhecer a realidade, mas crer que a mera edição de uma lei bastaria para modificar a realidade social. Por outro lado, os fins almejados pelos idealistas orgânicos, na opinião de Oliveira Viana, eram os mesmos que os dos idealistas utópicos.

> Segundo Oliveira Viana, a sociedade ideal era aquela em que os indivíduos têm liberdades e direitos garantidos.

1.3.4. GILDO MARÇAL BRANDÃO: LINHAGENS DO PENSAMENTO POLÍTICO BRASILEIRO

O último grupo de oposições específicas do pensamento político brasileiro que desejamos indicar foi elaborado por Gildo Marçal Brandão. Especialmente na obra *Linhagens do pensamento político brasileiro* (Brandão, 2007), o autor propôs quatro grandes linhagens explicativas. Assim como as oposições já vistas, as linhagens consistem em famílias teóricas e princípios explicativos – mais especificamente, os princípios explicativos organizam as famílias teóricas.

A cientista política Cepêda (2008, p. 233-234, grifo nosso) observa de maneira sintética e didática:

> No argumento desenvolvido na primeira parte de Linhagens, Brandão oferece ao exame a classificação do variegado leque da produção intelectual segundo o agrupamento em quatro famílias de pensamento basilares: *o* **idealismo orgânico**, *o* **idealismo constitucional**, *o* **pensamento radical de classe média** *e o* **marxismo de matriz comunista**. *Essas categorias, amarradas por Brandão num agregado coerente e sistêmico, já apareceram dispersas em um e outro momento do debate levado a cabo por autores e estudiosos da política brasileira. A noção de idealismo orgânico e constitucional é parte da original e significativa contribuição de Oliveira Viana [...]; o pensamento radical de classe média, como assinala Brandão, origina-se de uma anterior formulação de Antonio Cândido [...]; já a amarração da tipologia do marxismo de matriz comunista é conceito desenvolvido por Brandão em trabalho anterior [...].*

O **idealismo constitucional** de Brandão (2007) pode ser comparado ao idealismo utópico de Oliveira Viana (1981), mas tirando deste último o forte traço valorativo (e negativo). Assim, o idealismo constitucional pode se aproximar de algo como um *liberalismo* *juridicista*, representativo da atuação de Rui Barbosa (1849-1923). Em todo caso, consoante essa família teórica, a sociedade tem sua própria vitalidade, que é sufocada ou constrangida de maneira negativa pelas instituições políticas (em particular, pelo Estado). No que se refere ao **idealismo orgânico**, não há necessidade de mais desenvolvimentos ou explicações além do que já expusemos.

O **pensamento radical de classe média** desenvolveu-se nas décadas de 1930 e 1940 com uma concepção radical da sociedade que buscava transformações sociais, mas sem aderir plenamente a um ideário operário (característico do marxismo, por exemplo) nem aristocrático, o que nos permite afirmar que não é nem revolucionário nem propriamente conservador.

Por fim, o **marxismo de matriz comunista**, para Brandão (2007), refere-se ao conjunto de explicações de origem marxista que foram desenvolvidas desde a década de 1930 (até os anos 1980) pelo Partido Comunista do Brasil (PCdoB), centrando sua atenção na luta de classes, na divisão internacional do trabalho e na posição brasileira nesse quadro.

Por certo que as categorias anteriormente expostas – Vianna (2004a), Lynch (2011) e de Oliveira Viana (1981) – são mais simples e esquemáticas e, portanto, em certo sentido, são mais operacionais: é mais fácil e mais simples reduzir as realidades intelectual e sociopolítica brasileira a pares conceituais que se opõem mutuamente. Além disso, essas categorias anteriores, embora tenham claramente origens históricas, têm simplicidades e generalidades que permitem que esses pares sejam aplicados de maneira mais abstrata, isto é, sem considerar contextos específicos.

> As categorias propostas por Brandão (2007) recusam um esquematismo abstrato, na medida em que impedem que toda a história intelectual e sociopolítica brasileira seja reduzida a apenas um par conceitual.

Em contrapartida, as categorias propostas por Brandão (2007) recusam um esquematismo abstrato, na medida em que impedem que toda a história intelectual e sociopolítica brasileira seja reduzida a apenas um par conceitual: as quatro categorias não se reduzem umas às outras e exibem características próprias[16]. Além disso, como fica bastante evidente, no caso do pensamento marxista de matriz comunista, que as categorias definidas por Brandão (2007) têm um caráter fortemente histórico, não sendo possível referirmo-nos a elas sem a devida e clara contextualização tanto do pensamento em questão quanto do período respectivo.

No Quadro 1.2, apresentamos uma comparação entre as várias propostas de famílias teóricas. Sumariamos os pensamentos de Oliveira Viana (1981; 1987), Vianna (2004a), Lynch (2011), Brandão (2007) e também o nosso, a ser desenvolvido nos próximos capítulos desta obra.

---

16 *Na verdade, há uma imprecisão em nosso comentário a respeito da irredutibilidade das categorias de Brandão umas às outras. Isso é verdade no que se refere aos dois idealismos (constitucional e orgânico) e ao pensamento radical de classe média. Mas, no caso do marxismo comunista, há alguma imprecisão ou, ainda, certa ingenuidade de Brandão. Deixando de lado o sério problema teórico que consiste no fato de que as quatro categorias são definidas com base em critérios bastante distintos entre si – dois adjetivos (os idealismos), a origem social (o pensamento de classe média) e uma origem institucional (o marxismo vinculado ao Partido Comunista) –, o fato é que, apesar de sua própria formulação e de seu próprio desejo, o marxismo comunista no Brasil é de classe média, em vez de ser de trabalhadores. Esse traço fica evidente nas pesquisas feitas por Márcio Kieller Gonçalves a respeito do comunismo no Paraná (Gonçalves, 2004; Codato; Kieller, 2008), também apesar dos desejos e das alegações do autor.*

Quadro 1.2 – Comparação entre as propostas de famílias teóricas

Autor	Categorias	Oposições polares	Princípios organizadores
Francisco José de Oliveira Viana	• Idealismo utópico • Idealismo orgânico	Sim	• Propostas para organizar o Estado e criar uma sociedade liberal no Brasil. • Crítica à Constituição de 1891 e admiração pelo Segundo Império.
Luiz Werneck Vianna	• Americanismo • Iberismo	Sim	• Oposição entre as culturas políticas anglo-saxã e ibérica. • Cultura anglo-saxã: individualista; primado da sociedade. • Cultura ibérica: organicista; primado do Estado.
Christian Lynch	• Saquaremas • Luzias	Sim	• Atualização dos partidos políticos do Segundo Império: conservador e liberal. • Partido Conservador: ênfase na ação do Estado e no unitarismo. • Partido Liberal: ênfase na sociedade e na defesa do federalismo.
Gildo Marçal Brandão	• Constitucionalismo utópico • Constitucionalismo orgânico • Pensamento radical de classe média • Marxismo de matriz comunista	Não	• Reflexões de Oliveira Viana. • Atuação intelectual de grupos sociais e políticos.
Gustavo Biscaia de Lacerda	• Estado demiurgo • Sociedade estruturada • Modelo da complementaridade	Não	• Balanço das propostas dos autores anteriores. • Preocupação em evitar esquemas restritivos e excludentes.

Optamos por incluir nossa proposta, desde logo, no Quadro 1.2, tendo em vista que o objetivo deste livro é essencialmente demonstrar nosso critério de classificação dos autores do pensamento político brasileiro. Diante disso, como adotamos parâmetros mais ou menos inovadores para a constituição das famílias teóricas, é importante já evidenciarmos suas categorias e seus princípios organizadores.

(1.4) POR QUE ESTUDAR O PENSAMENTO POLÍTICO BRASILEIRO?

Para concluir este capítulo, teceremos algumas considerações sobre a importância do estudo do pensamento político brasileiro. Apresentaremos uma série de definições e oposições, sugerindo polêmicas e propondo algumas soluções para problemas e questões. Como este capítulo tem um caráter introdutório, é natural abordarmos todas essas definições, pois, nos próximos capítulos, analisaremos as ideias de pensadores que, agrupados em famílias intelectuais, pesquisaram as relações entre Estado e sociedade no Brasil.

Procuramos deixar claro no decorrer deste capítulo que as categorias que expusemos e, no fim das contas, o chamado *pensamento político brasileiro* são reflexões sistemáticas sobre a realidade brasileira, feitas precisamente para orientar a ação prática. Em outras palavras, a origem empírica dessas categorias serve, desde o início, para indicar sua utilidade.

É claro que a utilidade das ideias não se resume à sua aplicação estritamente prática. Uma ideia pode ser valiosa mesmo que não seja um instrumento para, por exemplo, construir um prédio ou desenvolver uma vacina. As ideias também são úteis na medida em que permitem responder a um gênero diferente de questão, a saber: Quem somos nós?

Qual é a origem histórica de nossa sociedade? Quais foram os valores que nos marcaram e quais são os que ainda nos marcam?

Em outra oportunidade (Lacerda, 2016b), já indicamos essas duas possíveis compreensões de acordo com o fundador da sociologia, o francês Augusto Comte (1798-1857): as ideias podem ter utilidades teóricas e práticas, auxiliando tanto no entendimento da realidade humana (cósmica, social, individual) quanto na realização de atividades concretas (Comte, 1856; 1929).

No caso do pensamento político brasileiro, as duas possibilidades de aplicação parecem claras: as várias teorias presentes nas diversas famílias intelectuais apresentam diferentes relatos sobre a constituição histórica da sociedade brasileira, de modo que nos permitem entender o que e quem somos como nação, incluindo, evidentemente, não apenas os problemas do Brasil, mas também suas qualidades.

Com base nesses diagnósticos, todas essas teorias propõem, implícita ou explicitamente, programas de ação, os quais, o mais das vezes, preveem uma sociedade livre e pluralista no futuro, diferindo quanto ao Estado – se este é um agente ou um obstáculo para essa meta – e à sociedade – se é organizada ou desorganizada. Todavia, em alguns casos, o ideal perseguido é de uma sociedade rigidamente hierárquica, sem muitas liberdades, em que o Estado é virtualmente a única instituição dotada de liberdade.

Para saber mais

Sem ter a pretensão de esgotar uma relação crescente, indicamos a seguir alguns autores que têm atuado, com variadas ênfases, como pesquisadores das ideias e do pensamento político brasileiro:

BARROS, R. S. M. de. **A evolução do pensamento de Pereira Barreto**. São Paulo: Grijalbo, 1967.

BARROS, R. S. M. de. **Obras filosóficas de Luiz Pereira Barreto**. São Paulo: Grijalbo, 1967. v. 1.

COSTA, J. C. **Contribuição à história das idéias no Brasil**: o desenvolvimento da filosofia no Brasil e a evolução histórica nacional. Rio de Janeiro: J. Olímpio, 1956. (Documentos brasileiros, 86).

FERES JÚNIOR, J. (Org.). **Léxico da história dos conceitos políticos do Brasil**. Belo Horizonte: Ed. da UFMG, 2009.

LYNCH, C. E. C. Do despotismo da gentalha à democracia da gravata lavada: história do conceito de democracia no Brasil (1770-1870). **Dados**, Rio de Janeiro, v. 54, n. 3, p. 355-390, 2011a. Disponível em: <http://www.scielo.br/pdf/dados/v54n3/v54n3a04.pdf>. Acesso em: 28 abr. 2017.

_____. O império da moderação: agentes da recepção do pensamento político europeu e construção da hegemonia ideológica do liberalismo moderado no Brasil imperial. **Revista do Instituto Histórico e Geográfico Brasileiro**, Rio de Janeiro, ano 172, n. 452, p. 311-340, jul./set. 2011b. Disponível em: <https://ihgb.org.br/revista-eletronica/artigos-452/item/108337-o-imperio-da-moderacao-agentes-da-recepcao-do-pensamento-politico-europeu-e-construcao-da-hegemonia-ideologica-do-liberalismo-moderado-no-brasil-imperial.html>. Acesso em: 2 maio 2017.

_____. Saquaremas e luzias: a sociologia do desgosto com o Brasil. **Insight Inteligência**, Rio de Janeiro, n. 55, p. 21-37, out./dez. 2011c. Disponível em: <http://beemote.iesp.uerj.br/wp-content/uploads/2015/07/LYNCH_C._Saquaremas-e-Luzias.pdf>. Acesso em: 2 maio 2017.

PAIM, A. **História das idéias filosóficas no Brasil**. Londrina: Ed. da UEL, 1997.

SALDANHA, N. N. **História das idéias políticas no Brasil**. 2. ed. Brasília: Senado Federal, 2001. (Coleção Biblioteca Básica Brasileira). Disponível em: <http://www2.senado.leg.br/bdsf/bitstream/handle/id/1052/ideias_politicas.pdf?sequence=9>. Acesso em: 24 abr. 2017.

VIANNA, L. W. **A revolução passiva**: iberismo e americanismo no Brasil. 2. ed. Rio de Janeiro: Revan, 2004.

Há diversos manuais e livros de reflexão sobre métodos de pesquisa e sobre os fundamentos epistemológicos das ciências humanas e sociais, ainda que com variáveis níveis de profundidade. Sobre isso, podemos indicar alguns:

BECKER, H. S. **Métodos de pesquisa em ciências sociais**. 3. ed. São Paulo: Hucitec, 1997.

_____. **Segredos e truques da pesquisa**. Rio de Janeiro: J. Zahar, 2007.

BOURDIEU, P.; CHAMBOREDON, J.-C.; PASSERON, J.-C. **O ofício de sociólogo**. Metodologia da pesquisa na Sociologia. 7. ed. Petrópolis: Vozes, 2010.

CHIZZOTTI, A. **Pesquisa em ciências humanas e sociais**. 5. ed. São Paulo: Cortez, 2001.

DUTRA, L. H. de A. **Oposições filosóficas**: a epistemologia e suas polêmicas. Florianópolis: Ed. da UFSC, 2005.

ECO, U. **Como se faz uma tese**. 10. ed. São Paulo: Perspectiva, 1993.

GIL, A. C. **Métodos e técnicas de pesquisa social.** 6. ed. São Paulo: Atlas, 2008.

Uma interessante história das universidades no mundo e também das primeiras instituições brasileiras pode ser lida na obra de David Carneiro. O autor dá destaque para a mais antiga universidade do país, a Universidade do Paraná, atual Universidade Federal do Paraná (UFPR).

CARNEIRO, D. **História esquemática da educação e das universidades no mundo:** surto da primeira universidade do Brasil. Curitiba: Ed. da UFPR, 1984.

Sobre a teoria e a prática do republicanismo, William R. Everdell apresenta casos históricos de repúblicas. Confira em:

EVERDELL, W. R. **The End of Kings:** a History of Republics and Republicans. Chicago: University of Chicago Press, 2000.

A respeito da teoria e da prática do republicanismo, Pierre Grimal, na obra indicada a seguir, faz uma breve apresentação da história da república romana.

GRIMAL, P. **História de Roma.** Tradução de Maria Leonor Loureiro. São Paulo: Ed. da Unesp, 2011.

Em outras oportunidades, abordamos detidamente as relações entre a ciência política e a teoria política, seja de uma perspectiva mais voltada à pesquisa científica, seja de uma perspectiva mais preocupada com o ensino e a aprendizagem dessas questões. Consulte:

LACERDA, G. B. de. **Laicidade na I República brasileira:** os positivistas ortodoxos. Curitiba: Appris, 2016.

LACERDA, G. B. de. Problemas de ensino e pesquisa de métodos e teorias: reflexões sobre três oposições. **Ius Gentium**, Curitiba, v. 10, n. 5, p. 245-269, jul./dez. 2014. Disponível em: <http://www.uninter.com/iusgentium/index.php/iusgentium/article/view/158>. Acesso em: 26 abr. 2017.

Também já discutimos as relações entre método e objeto, apresentando alguns dos métodos de pesquisa mais consagrados. Sobre o tema, consulte:

LACERDA, G. B. de. **Introdução à sociologia política.** Curitiba: InterSaberes, 2016.

Em artigo publicado na *Revista de Sociologia e Política*, Fernando Baptista Leite discute as principais divisões intelectuais e institucionais da ciência política brasileira. Para ler, acesso o endereço eletrônico que segue:

LEITE, F. B. Posições e divisões na ciência política brasileira contemporânea: explicando sua produção acadêmica. **Revista de Sociologia e Política**, Curitiba, v. 18, n. 37, p. 149-182, out. 2010. Disponível em: <http://www.scielo.br/pdf/rsocp/v18n37/11.pdf>. Acesso em: 28 abr. 2017.

Por meio de uma exposição didática, ainda que um tanto formal e tradicionalista, Ricardo Silva explora as vertentes possíveis da teoria política. Confira seguinte o artigo do autor:

SILVA, R. V. da. Identidades da teoria política: entre a ciência, a normatividade e a história. **Pensamento Plural**, Pelotas, v. 3, p. 09-21, jul./dez. 2008. Disponível em: <http://pensamentoplural.ufpel.edu.br/edicoes/03/01.pdf>. Acesso em: 30 abr. 2017.

Síntese

Neste capítulo, analisamos algumas características definidoras da área do pensamento político brasileiro, que, como integrante das ciências sociais, se ocupa das ideias e das teorias desenvolvidas no país a respeito das relações entre Estado e sociedade, especialmente como a estrutura da sociedade condiciona a ação do Estado e vice-versa. Nesse contexto, o pensamento político brasileiro, frequentemente, depara-se com alguns dilemas, entre eles: Adotar um nacionalismo ou um universalismo teórico-metodológico? Dar preferência a perspectivas empíricas ou normativas?

No nosso entendimento, o melhor é manter o franco diálogo com a produção científica internacional sem deixar de valorizar as reflexões nacionais. Da mesma forma, a conjugação constante das investigações empíricas com as reflexões normativas é necessária e parte integrante da atividade do pensamento político brasileiro. Isso se reflete em um aspecto importante sobre os principais autores da área: o fato de que muitos deles são autores-atores e elaboram suas reflexões intelectuais durante ou após atuações políticas práticas.

Também apresentamos algumas características teóricas e metodológicas do pensamento político brasileiro, com vistas a organizar a enorme quantidade de autores que, desde o século XIX, preocupam-se com as relações entre sociedade e Estado no Brasil. Reunimos esses pensadores conforme os traços similares que apresentam – as famílias teóricas.

Há várias propostas de famílias teóricas e algumas sugerem nomes diferentes para características muito parecidas. Assim, como oposições polares, Francisco José de Oliveira Viana propôs idealismo utópico e **idealismo orgânico**; Luiz Werneck Vianna, **americanismo** e **iberismo**; Christian Lynch, luzias e saquaremas; e Gildo Marçal

Brandão, uma classificação quádrupla – **idealismo constitucional, idealismo orgânico, comunismo de matriz comunista** e **pensamento radical de classe média**. Neste livro, adotamos outro critério, que engloba parte das classificações anteriores, mas, ao mesmo tempo, é um pouco mais flexível e mais coerente: **Estado demiurgo, sociedade estruturada** e **modelo da complementaridade**.

Questões para revisão

1. A respeito das diferenças entre *pensamento político* e *pensamento social*, assinale a alternativa correta:
   a) O pensamento político dedica-se prioritariamente a reflexões sobre as relações raciais.
   b) O pensamento social pode abranger temas culturais, mas principalmente ocupa-se das relações entre Estado e sociedade.
   c) O estudo da cultura brasileira e o estudo das relações raciais integram o acervo do pensamento político brasileiro.
   d) O pensamento político brasileiro trata também da maneira pela qual a estrutura da sociedade brasileira molda o comportamento do Estado.
   e) O pensamento político brasileiro estuda como a música popular influencia a cultura nacional.

2. Considerando os vínculos entre teoria política e ciência política, assinale a alternativa correta:
   a) Em contraposição à teoria política, a ciência política apresenta caráter mais normativo.
   b) A ciência política investiga empiricamente a realidade social no que se refere a seus aspectos políticos.

c) A teoria política normativa elabora esquemas mentais que buscam explicar a realidade sociopolítica.
d) Na prática científica cotidiana, é problemático distinguir os âmbitos normativo e empírico.
e) O pensamento político brasileiro abrange investigações apenas de teoria política, excluindo a ciência política.

3. Sobre os temas do universalismo e do nacionalismo teórico-metodológicos, assinale a alternativa correta:
   a) A concepção universalista está mais próxima do ideal cosmopolita próprio à ciência.
   b) O nacionalismo teórico-metodológico defende o distanciamento radical entre as reflexões intelectuais e a realidade nacional.
   c) O nacionalismo teórico-metodológico evita manter estreitas relações com o nacionalismo político.
   d) É impossível um pesquisador ser nacionalista político e, ao mesmo tempo, universalista teórico-metodológico.
   e) É coerente que um pesquisador seja universalista político e, ao mesmo tempo, nacionalista teórico-metodológico.

4. Com relação à inserção acadêmica dos autores do pensamento político brasileiro, assinale a alterativa correta:
   a) Considerando a instituição das universidades no Brasil, é possível classificarmos os autores como autores-atores, ensaístas e acadêmicos.
   b) Em razão da estrutura acadêmica, não é possível encontrar ensaístas entre os autores contemporâneos do pensamento político brasileiro.

c) A existência de autores-atores não se limitou ao período anterior ao dos ensaístas e ao da institucionalização universitária.

d) A quase totalidade da reflexão sistemática contemporânea sobre a vida política brasileira ocorre fora das universidades.

e) No século XIX e no início do século XX, o pensamento político brasileiro era realizado por muitos políticos práticos que, entretanto, não possuíam formação intelectual refinada.

5. No que se refere às possibilidades das investigações do pensamento político brasileiro, estabeleça a diferença entre *abordagem empírica* e a *abordagem normativa*.

6. Sobre as oposições intelectuais propostas por alguns estudiosos do pensamento político brasileiro, compare as realizadas por Oliveira Viana (1981) às formuladas por Brandão (2007).

Questões para reflexão

1. Neste capítulo, analisamos as expressões *pensamento político brasileiro* e *teoria política*. Retome essa discussão, indicando os pontos favoráveis e os pontos contrários ao emprego de tais designações.

2. Assista ao filme *Policarpo Quaresma, herói do Brasil:*

POLICARPO Quaresma: herói do Brasil. Direção de Paulo Thiago. Produção de Carlos Brajsblat e Glaucia Camargos. Rouen: Hévadis Films, 1997. 123 min.

Agora, classifique a atuação da personagem principal no que se refere às seguintes características:

- nacionalismo político *versus* cosmopolitismo político;
- nacionalismo teórico-metodológico *versus* universalismo teórico-metodológico;
- pensamento político *versus* pensamento social;
- autor-ator, ensaísta ou pensador acadêmico;
- luzia *versus* saquarema;
- iberista *versus* americanista;
- idealismo orgânico *versus* idealismo utópico.

CAPÍTULO 2

Estado demiurgo

Conteúdos do capítulo:

- Estado demiurgo.
- Autoritarismo instrumental.
- Sociedade desestruturada.
- Sociedade sequestrada e familismo amoral.
- Ideias de Visconde de Uruguai.
- Ideias de José de Alencar.
- Ideias de Alberto Torres.
- Ideias de Oliveira Viana.
- Ideias de Francisco Campos.
- Ideias de Jessé Souza.

Após o estudo deste capítulo, você será capaz de:

1. definir *Estado demiurgo*;
2. distinguir autoritarismo instrumental de autoritarismo ético e sociológico;
3. compreender a lógica da importância do Estado no modelo do Estado demiurgo;
4. distinguir os pensadores autoritários dos pensadores democráticos no modelo do Estado demiúrgico;
5. expor algumas das ideias de autores como Visconde de Uruguai, José de Alencar, Alberto Torres, Oliveira Viana, Francisco Campos e Jessé Souza.

Neste capítulo, abordaremos os ideários de alguns autores que privilegiam a atuação do Estado diante da sociedade brasileira. Embora várias sejam as concepções que os autores ora estudados possam ter a respeito de uma boa sociedade e de uma boa organização política, de modo geral, eles concordam que o Estado deve atuar como verdadeiro protagonista social, criando condições para a posterior atividade autônoma da sociedade civil ou sendo ele mesmo o ator principal no lugar da sociedade. Em razão do ativismo conferido ao Estado, denominamos essa família teórica de *Estado demiurgo*[1].

(2.1)
ESTADO DEMIURGO *VERSUS* SOCIEDADE DESESTRUTURADA

A primeira definição que devemos apresentar neste capítulo é a de *Estado demiurgo*. O que significa essa expressão? Conforme o *Dicionário Houaiss* (Houaiss; Villar, 2009), "segundo o filósofo grego Platão (428-348 a.C.), [demiurgo é] o artesão divino ou o princípio organizador do universo que, sem criar de fato a realidade, modela e organiza a matéria caótica preexistente através da imitação de modelos eternos e perfeitos". Evidentemente, não se trata aqui de nos referirmos a deuses ou mitologias, muito menos desejamos propor que o Estado brasileiro crie uma realidade pré-social e esconda-se das vistas de todos.

A concepção de *demiurgo* que adotamos é um pouco mais metafórica: para nós, um Estado demiúrgico corresponde a uma instituição responsável pela organização social, a qual regulariza as relações

---

[1] Neste livro, usaremos de maneira intercambiável as expressões Estado demiurgo *e* Estado demiúrgico. Demiurgo *é substantivo e* demiúrgico *é adjetivo: para nossos propósitos, não faz diferença o uso de uma ou de outra expressão já que que ambas definem um tipo de Estado ou, melhor, um modelo de Estado e um padrão de pensamento.*

sociais de acordo com classes (no que se refere à distribuição da riqueza), *status* (no que se refere à distribuição de honrarias) e benefícios e prejuízos de modo geral. Antes do Estado, nada existe além de uma população dispersa que executa inúmeras atividades, mantendo várias relações entre si (políticas, econômicas, intelectuais etc.), mas sem **organicidade**.

Durante e após a ação do Estado demiúrgico, essa população dispersa tornar-se-ia uma nação organizada, com valores definidos, estrutura clara, metas comuns e relações sociais e econômicas perduráveis em suas várias partes geográficas. Antes, indivíduos e grupos atomizados; depois, nação organizada. Ora, a ação do Estado demiurgo é necessária porque a sociedade estava desarticulada ou, talvez, porque padecia de outros males que exigiam a ação corretiva do Estado.

Nesse contexto, o primeiro e mais evidente dos males que requerem a intervenção demiúrgica é a existência de uma **sociedade desestruturada**, ou desarticulada, na qual há ausência de organicidade entre os indivíduos –, apenas se formam grupos familiares, econômicos e políticos, os quais se relacionam eventualmente e, logo após contatos esporádicos, voltam a fechar-se em si mesmos.

Também é possível diagnosticar a necessidade dessa intervenção sob o viés da **sociedade fraca**, caracterizada por instituições incipientes e vínculos frágeis, seja porque há muitas discórdias entre os grupos, seja porque os grupos estão muito distantes fisicamente uns dos outros. Nesses casos, o Estado efetivamente tem de agir como um ente criador de relações sociais permanentes e duráveis.

Ainda há outra possibilidade que requer intervenção do Estado demiurgo: quando na sociedade, mesmo havendo relações habituais e uma estrutura com valores, classes, *status* etc., não existe realmente uma vida para a coletividade, para o bem público, ou seja, uma sociedade na qual apenas os interesses privados são importantes.

Uma forma de entender a prevalência do **particularismo** é por meio do que alguns autores chamam de *familismo amoral*. Nas sociedades modernas, há inúmeras situações de conflitos entre os valores familiares, internos a cada família, e os valores nacionais, compartilhados por todos os cidadãos do país. No caso do familismo amoral, a família é o valor supremo e qualquer concessão à nação é vista como traição; da mesma maneira, os únicos assuntos coletivos que têm alguma importância são os relativos à própria família; a vida da *polis;* ou seja a vida política, extrafamiliar, é desprezadas.

Nesse caso, como se vê, a sociedade civil apresenta suas próprias instituições, que são bastante fortes. O problema, nesse caso, é que a intensidade das relações sociais de base é tão grande que se torna difícil, quando não impossível, constituir vínculos sociais mais amplos. Nesse caso, podemos dizer que se trata de uma **sociedade sequestrada**, afinal, ela existe, mas está impedida de se desenvolver por outras instituições sociais, que, por sua vez, devem ser contrabalançadas.

É justamente para contrabalançar ou mesmo para contrapor-se a tal gênero de organização social que os autores que defendem o Estado demiurgo consideram que o Estado nacional deve refrear as ações mais daninhas dos grupos sociais mais particularistas, impondo hábitos, usos e valores que sejam comungadas pela comunidade nacional. Essas duas ações – de refreamento do particularismo e de imposição de uma espécie de comunitarismo ampliado – podem ocorrer de diferentes modos, desde os mais brandos até os mais autoritários.

Esses diagnósticos demonstram que a ação firme do Estado serve tanto para estruturar a sociedade quanto para criar o espaço público ou, ainda, para garantir a permanência deste. Essa forma de conceber as relações entre Estado e sociedade no país vigorou especialmente durante os períodos do Estado unitário, em que o governo nacional controlava o conjunto da nação, nomeando governadores dos Estados e prefeitos municipais – períodos correspondentes ao Império (1822-1889) e à Era Vargas (1930-1945).

> ### Uma curiosidade histórica
>
> Durante o período imperial, o que hoje chamamos *estados* correspondia às províncias, e seus governantes eram os presidentes das províncias. No decorrer da Primeira República Brasileira (1889-1930), as antigas províncias passaram a ser designadas de *estados*, e seus governantes eram os presidentes dos estados. Por fim, na Era Vargas, os governantes dos estados eram os interventores estaduais.
>
> O Império não foi unitário em toda a sua existência. No período regencial (1831-1840) e, em particular, na segunda metade (1834-1840), procurou-se instituir um regime federativo no país, com certa autonomia para os estados. O instrumento para essa autonomia foi o Ato Adicional de 1834, revogado em 1840 pela Lei de Interpretação do Ato Adicional.
>
> A Era Vargas também não foi inteiramente unitária: embora do início ao fim desse longo período a nomeação dos interventores estaduais fosse responsabilidade do Presidente Getúlio Vargas, entre os anos de 1932 e 1937, a Presidência da República revelou-se mais claramente suscetível às pressões políticas estaduais, ou seja, mais aberta a certa forma velada de federalismo.

(2.2)
AUTORITARISMO INSTRUMENTAL

Uma categoria elaborada no fim dos anos 1970, proposta pelo cientista político Wanderlei Guilherme dos Santos no livro *Ordem burguesa e liberalismo político* (1978), é a de autoritarismo instrumental[2], que oferece uma possibilidade interpretativa inovadora no que se refere aos autores adeptos do Estado demiurgo, na medida em que propõe

---

2 Esse livro é raro e de difícil acesso. Todavia, é possível obter capítulos e reedições na internet, como em Santos (1998).

uma diferenciação entre as várias correntes autoritárias existentes no Brasil nas décadas de 1920 e 1930. De modo bastante simples, o que Santos faz é indicar que, naquele período histórico, havia pelo menos três correntes autoritárias:

1. **Autoritarismo ético e naturalista** – Caso dos integralistas, que entendiam o Estado como a realização de uma ordem social de cunho moral. A coletividade realizar-se-ia *no* e *pelo* Estado, cuja autoridade deveria ser reforçada para impor-se sobre os indivíduos.
2. **Autoritarismo histórico-sociológico** – Expressão que se refere a autores como Antônio José de Azevedo Amaral e Francisco Luís da Silva Campos, para quem as sociedades modernas caracterizavam-se pela indústria e pelo caráter de massas. Em virtude disso, era necessária uma estrita coordenação política, econômica, social e técnica para que houvesse eficiências política e econômica – e, nesse sentido, o Estado autoritário era a única possibilidade de realização de tais exigências.
3. **Autoritarismo instrumental** – Denominação aplicável para autores como Francisco José de Oliveira Viana, para quem a sociedade brasileira caracterizava-se pelo insolidarismo, pelas tendências particularistas dos grupos sociais. Se o grande objetivo a alcançar era uma sociedade liberal de tipo inglês, era necessária a imposição do Estado autoritário para o fim do insolidarismo, bem como para criar laços sociopolíticos mais amplos e modernos.

Diante disso, podemos constatar que as duas primeiras correntes políticas e intelectuais defendiam a implantação e, acima de tudo, a permanência do autoritarismo. A terceira corrente, por sua vez, defendia o autoritarismo como um instrumento específico para determinado fim, o qual teria, supostamente, um caráter temporário, isto é, depois de criadas as condições sociais e políticas de uma sociedade liberal (pluralismos social e de valores, adesão aos valores liberais, associativismo civil, mobilização de interesses coletivos), o Estado autoritário poderia deixar de existir e, em seu lugar, seria implantado um Estado liberal.

Todavia, como afirma Silva (2004; 2008), a **transitoriedade do Estado autoritário** não estava tão clara na obra de Oliveira Viana (1981) quanto sua **necessidade** e sua **instrumentalidade**. Ainda que Oliveira Viana tenha evidenciado que o autoritarismo era o instrumento necessário para criar no Brasil as bases para uma sociedade liberal, ele não indicou *se*, *quando* e *como* esse Estado autoritário deveria ser substituído por um Estado liberal.

Santos (1978) apresenta a ideia de autoritarismo instrumental em contraposição à de **liberalismo doutrinário**[3]: o autor-ator adepto a essa corrente teria a crença de que a mera e pura introdução de mecanismos legais e institucionais conduz à implantação e ao fortalecimento de uma sociedade liberal no país. De acordo com Santos (1978), tanto os autoritários instrumentais quanto os liberais doutrinários buscavam os mesmos objetivos – uma sociedade liberal –, embora divergissem fortemente quanto aos meios políticos propostos e, é claro, quanto aos elementos intelectuais utilizados para compreender a realidade e para propor políticas concretas.

Convém realçarmos que a proposta do conceito de *autoritário instrumental* é útil na medida em que insere distinções importantes entre as variedades de doutrinas autoritárias, indicando que estas

---

3 Embora o conceito de liberais doutrinários *seja necessário para uma completa compreensão do conteúdo da corrente dos autoritários instrumentais, não é difícil perceber que o primeiro é uma reedição, ou atualização, da categoria* idealista utópico, *elaborada anteriormente por Oliveira Viana (1981).*

podem concordar mais ou menos no que respeita aos meios (autoritarismo), mas divergir no que se refere aos fins (instrumentalidade).

Como observa Lynch (2013), outra contribuição dessa categoria reside no fato de ela poder ser aplicada tanto a grupos de direita (que, intuitivamente, é seu domínio natural) quanto a grupos de esquerda. Santos (1978), por exemplo, sugeriu que João Goulart (1918-1976), durante sua breve e conturbada passagem pela Presidência da República (1961-1964), demonstrou uma preferência pelo autoritarismo instrumental como modelo de gestão e de realização de reformas sociopolíticas.

Finalmente, a distinção entre tipos de autoritarismos pressupõe que as ordens sociopolíticas a serem instituídas por intermédio do Estado autoritário tenham características outras. Isso se verifica no modelo instrumental, que pavimentava o caminho para uma sociedade liberal, incentivando, por exemplo, o **associativismo civil** e a **mobilização de interesses coletivos**, embora outras modalidades de autoritarismo desestimulassem essas ações.

Assim, Santos (1978) não identifica nem no Estado Novo (1937-1945) nem no regime militar (1964-1985) o caráter autoritário instrumental, pois esses regimes podem ser enquadrados como autoritários puros, uma vez que foram incapazes de gerar ou permitir o desenvolvimento de instituições liberais no país (Lynch, 2013). Por outro lado, Lynch ainda assinala que a validade política da categoria *autoritários instrumentais* é colocada em xeque por vários autores, como Lamounier (1977) e Vianna (2004b), para quem o maior representante do autoritarismo instrumental (Oliveira Viana) era, em verdade, um autoritário puro.

> **Atenção!**
>
> Os autores citadso neste capítulo, integrantes da família teórica do Estado demiurgo, não são necessariamente autoritários: há aqueles que se associam ao modelo instrumental (Oliveira Viana), outros ligados ao tipo histórico-sociológico (Francisco Campos) e os não autoritários, ou claramente democráticos (Alberto Torres, Jessé Souza).
>
> O que importa para a inclusão no modelo de Estado demiurgo é a valorização do Estado, ou a ideia de que este é um ator central para a sociedade, para orientá-la, para realizar ações importantes, para evitar alguns particularismos.

(2.3)
APLICAÇÃO DAS OPOSIÇÕES SOCIOPOLÍTICAS AO ESTADO DEMIURGO

Tomando como base as oposições que apresentamos no Capítulo 1, em particular as propostas na Seção 1.3, podemos entender a família teórica do Estado demiurgo e sua própria concepção como:

- manifestação do iberismo;
- prática saquarema;
- realização do idealismo orgânico.

Vale, aqui, reiterarmos que as categorias formuladas por Lynch (2011) são muito próximas às de Oliveira Viana (1981), que, em suas propostas, elogiava bastante os políticos do Império, em particular os conservadores, ou seja, os saquaremas. Oliveira Viana prodigalizava elogios aos monarquistas para, em seguida, criticar virulentamente os políticos republicanos. Portanto, entendemos que a família do

Estado demiurgo integra as categorias *saquarema* e *idealismo orgânico* – aquela que consiste apenas em seguir as orientações dos próprios formuladores.

Quanto à categoria *iberismo*, retomada por Vianna (2004b), há uma particularidade: costuma ser definida pela prevalência do Estado, entendido como uma instituição ética, realizadora da moral e dos valores coletivos. A afirmação da coletividade em relação aos indivíduos é um valor, e a concepção organicista da sociedade é uma consequência bastante clara disso. Até aí não há dificuldade, ocorrendo uma aproximação evidente entre iberismo e idealismo orgânico. A discórdia surge a propósito da idéia de autoritarismo instrumental, proposta por Santos (1978), em particular a respeito de Oliveira Viana.

Santos (1978) observa que o ideal de sociedade que Oliveira Viana defendia era a sociedade inglesa – individualista e liberal –, e o autoritarismo era a reafirmação de um traço histórico brasileiro que deveria conduzir a um tipo diferente de sociedade. No entanto, Vianna (2004a), embora acredite ser engenhosa a proposta teórica do autoritarismo instrumental, afirma que Santos estava errado, não considerando Oliveira Viana um autoritário instrumental, mas um autoritário ético ou sociológico. Nesse contexto, a afirmação do Estado demiúrgico conduziria a uma sociedade de tipo iberista (organicista, hierárquica), não de tipo americano (individualista, igualitarista, contratualista).

A divergência entre Vianna (2004b) e Santos (1978) é importante porque não se limita às possibilidades interpretativas da obra de Oliveira Viana (1981), estendendo-se a toda a família teórica do Estado demiurgo. Dessa forma, podemos concluir que é possível qualificar como *iberistas* Visconde de Uruguai, José Alencar e Francisco Campos, porém, é no mínimo problemático fazer o mesmo com Alberto Torres e Oliveira Viana e, sem dúvida, é quase descabido no caso de Jessé Souza.

(2.4)
Visconde de Uruguai

Visconde de Uruguai (1807-1866) nasceu Paulino José Soares de Sousa, em Paris, França, e passou a infância no Maranhão. Como diversos autores (entre eles, José de Alencar e Tavares Bastos), morreu relativamente novo, com apenas 59 anos. Sua carreira foi bastante interessante. Estudou Direito em Coimbra, Portugal, onde aderiu aos valores republicanos; quando retornou para o Brasil, continuou a estudar e a viver em pândegas; após concluir os estudos, mudou seu comportamento, casou-se e acabou por ligar-se a tradicionais famílias de fazendeiros, passando a adotar posições políticas conservadoras. Começou sua carreira pública como juiz e ouvidor público. Ocupou diversos cargos políticos, ascendendo progressiva e rapidamente: no Rio de Janeiro, foi deputado provincial (1835-1837), deputado geral (1837-1841, 1843-1844, 1846-1848) e presidente[4] (1836-1840) e posteriormente foi ministro da Justiça (1840, 1841-1843); ministro dos Negócios Estrangeiros (1843-1844; 1849-1853); senador (1849-1866) e membro do Conselho de Estado (1853-1866). Ressaltamos aqui a relevância dos dois últimos cargos, que, durante o Império, eram vitalícios, sendo a participação no Conselho reservada a poucos políticos, que, por isso, tornavam-se muito poderosos.

---

4   Entre 1889 e 1930, durante a Primeira República Brasileira, o cargo que atualmente chamamos de governador de Estado era denominado presidente de Estado. Já entre 1930 e 1945, recebeu o nome de interventor.

No segundo período em que ocupou a pasta de Negócios Estrangeiros, Visconde de Uruguai integrou a "Trindade Saquarema"⁵, ao lado de Eusébio de Queiróz (ministro da Justiça) e de Visconde de Itaboraí (ministro da Fazenda). Durante as décadas de 1840 e 1850, sua atuação teve por objetivo **reforçar o poder central e o unitarismo do Império** – medidas que eram vistas como necessárias para combater os vários conflitos sociais e políticos tanto de caráter popular quanto das elites, ocorridos durante o período regencial (1831-1840).

A exemplo de outros autores que examinaremos, os principais escritos de Visconde de Uruguai consistiam em discursos parlamentares e em relatórios oficiais. Ainda assim, em seu caso específico, no fim da vida e semiaposentado, redigiu o *Ensaio sobre o direito administrativo*, publicado em 1862, no qual analisa as instituições políticas e jurídicas brasileiras comparando-as sistematicamente com as instituições francesas, britânicas e estadunidenses. Aliás, nessa obra, o autor reexamina sua atuação política, comentando que a centralização política que promoveu enquanto era ministro da Justiça foi além do necessário e que, inversamente, deveria ter mantido alguns elementos das autonomias provincial e municipal vigentes durante as regências, principalmente em relação ao federalismo e ao *self-government*⁶.

Consoante as categorias apresentadas no Capítulo 1, Seção 1.1.4, fica fácil perceber que Visconde de Uruguai era um autor-ator, visto que sua principal obra intelectual foi profundamente marcada por sua experiência prática e, inversamente, sua reflexão foi orientada

---

5   É interessante lembrarmos que as famílias teóricas identificadas por Lynch (2011) dividem-se em luzias (liberais) e saquaremas (conservadores).

6   A expressão inglesa self-government significa literalmente "autogoverno" e diz respeito às tradições inglesa e, principalmente, estadunidense de cada município governar-se com autonomia. No que se refere aos Estados Unidos, a referência habitual ao self-government, mesmo durante o século XIX, é o livro A democracia na América *(Tocqueville, 1977)*.

para a aplicação política. Da mesma maneira, como redigiu o *Ensaio sobre o direito administrativo* em sua casa, quando estava semiaposentado, sua atuação era **autônoma**, desvinculada de universidades ou instituições acadêmicas.

E quais eram as ideias de Visconde de Uruguai? Em primeiro lugar, ele defendia a **monarquia** em contraposição ao regime republicano. Tomando as repúblicas hispano-americanas como parâmetro para esse regime, considerava-o sinônimo de "barbárie" e de "anarquia". Em contraposição, para o político, a monarquia equivalia à civilização e à ordem social, que apresentavam como condição de realização um Estado centralizado e unitário, capaz de conter os impulsos centrífugos e autonomistas das províncias. Da mesma maneira, defendia o **parlamentarismo**, entendendo-o como um regime que combinava a monarquia com o primado da lei.

Carvalho (2002) sugere um paralelismo no pensamento de Visconde de Uruguai em suas atuações como ministro da Justiça e, depois, no cargo de ministro dos Negócios Estrangeiros: o litoral brasileiro e a monarquia eram os núcleos de ordem e de civilização, em contraste com o interior do país e as repúblicas hispano-americanas, caracterizados pela barbárie, pela anarquia e pelo autonomismo caudilhista[7]. Uma particularidade da sociedade brasileira era sua dispersão, ou seja, a pluralidade de núcleos de povoamento, com poucos laços que pudessem vinculá-los. Dessa forma, para Visconde de Uruguai, o Brasil carecia de um caráter de nação, razão por que um Estado unitário e centralizado era necessário.

---

7   O caudilhismo *pode ser entendido como a ação de chefes políticos personalistas. No contexto latino-americano, os caudilhos também costumavam ser líderes militares, de tal maneira que esse tipo de governo estava associado tanto ao personalismo quanto ao golpismo e ao aventureirismo políticos.*

Entretanto, esclarecemos que, no fim da vida, Visconde de Uruguai reviu sua posição política e constatou que havia se exarcebado na defesa a centralização em sua atuação prática. A despeito de ser um saquarema, era um admirador das tradições de autogoverno da Inglaterra e dos Estados Unidos, o que certamente o estimulou a fomentar essas práticas no Brasil em vez de suprimi-las. De qualquer maneira, convém destacarmos que a autonomia a ter sido incentivada era a municipal, não a provincial, pois poderia ter ensejado o contato dos cidadãos com o governo, mantendo-se a ordem tanto na prática política cotidiana (no âmbito municipal) quanto por meio das estruturas de governo mais amplas (com o direito administrativo, no âmbito central), bem como evitando-se o separatismo, que era visto como um aspecto característico do nível provincial.

(2.5)
José de Alencar

José de Alencar (1829-1877) é conhecido como importante autor da fase romântica da literatura brasileira, com obras como *O guarani* (1857), *Iracema* (1865), *Senhora* (1875), *Lucíola* (1862), e dezenas de outras que imortalizaram personagens como o índio Peri, a donzela Ceci e a "virgem dos lábios de mel" Iracema. No entanto, aqui nos interessa o fato de que, além de um grande romancista, José de Alencar também foi um político de destaque no período imperial.

Com nome completo de José Martiniano de Alencar, foi bacharel em direito, era membro do Partido Conservador e, como tal, ocupou o cargo de deputado (1861-1868). Logo em seguida, foi ministro da Justiça (1868-1870). Suas obras políticas consistem em discursos e relatórios, mas há também textos de caráter mais teórico, como *O sistema representativo* (1868). Aliás, na avaliação de Santos (1991a), esse texto é uma das melhores, se não a melhor, exposição e defesa do sistema representativo já feita até hoje – e isso em termos mundiais.

No que se refere às categorias apresentadas no Capítulo 1, Seção 1.1.4, é indiscutível que José de Alencar pode ser classificado como um autor-ator, uma vez que sua reflexão teórica foi intimamente informada por sua prática política. Além disso, tendo em vista que ele escreveu sem estar vinculado a nenhuma instituição acadêmica ou universitária, sua produção era autônoma.

E quais eram as ideias específicas de José de Alencar? De modo geral, ele preocupava-se com a **qualidade da representação política**, a qual não estaria relacionada ao valor individual dos deputados, mas sim às possibilidades de que o sistema político-partidário concretizasse os interesses da sociedade por meio dos representantes eleitos.

Até mesmo pelo fato de ter iniciado sua carreira política como deputado, José de Alencar valorizava os debates. Há nisso uma defesa do que se chama atualmente de *deliberacionismo*, em que a troca de ideias é a base para o esclarecimento e amadurecimento mútuo de concepções, bem como para mudanças de perspectivas e tomadas de decisões. Ademais, os **debates** apresentam um caráter de pedagogia política, pois exigem respeito e tolerância. Por essas razões, José de Alencar acreditava que os debates também ofereciam a possibilidade de maior **coesão social**.

Com base em sua experiência concreta e inspirando-se na prática e na literatura inglesa, José de Alencar acreditava que os partidos políticos desempenhavam um papel essencial na realização dos debates, uma vez que canalizavam e representavam valores e interesses sociais, ligando de modo mais direto a sociedade ao Estado. Assim, por um lado, o autor afirmava a necessidade de que os partidos fossem renovados de maneira a aperfeiçoar e aumentar sua **capacidade de representação**, a fim de que adequassem as políticas públicas de modo que estas refletissem os anseios da sociedade. Por outro lado, o político romancista ressaltava que os partidos não são meros receptáculos das opiniões presentes na sociedade; em verdade, eles devem contribuir para estruturar essas perspectivas, na medida em que estimulam os debates e inspiram opiniões e decisões. Os partidos, dessa forma, agiam em vias de mão dupla, influenciando e sendo influenciados.

Embora fosse membro do Partido Conservador, José de Alencar era coerente no tocante à sua teoria dos partidos e da representação, tecendo críticas ao voto censitário[8]; afinal, a seleção de eleitores e candidatos com base na renda muito restringia o grupo de possíveis deputados e, dessa forma, alterava significativamente os valores e os interesses sociais representados.

A propósito, não obstante defender o voto universal (ainda que restrito aos homens alfabetizados), José de Alencar era contrário à abolição da escravatura. Embora moralmente condenável, a escravidão era a base da economia brasileira, não podendo ser encerrada sem graves consequências para o país, segundo o autor. Melhor explicando: na sua opinião, o trabalho livre era a melhor opção tanto em

---

8 O voto censitário *é aquele que se baseia na renda para selecionar os eleitores. Em outras palavras, nesse modelo, apenas indivíduos com um valor mínimo de renda anual ou de bens e propriedades podem ser eleitores ou eleitos. Durante o período imperial (1822-1889), especialmente durante o Segundo Reinado (1840-1889), vigorava o voto censitário.*

termos econômicos quanto no que tange aos aspectos sociais, porém, se todos os trabalhadores servis fossem libertados ao mesmo tempo, os custos da produção brasileira aumentariam subitamente e as relações sociais ficariam desorganizadas, entre outras consequências. Por esses motivos, o político defendia a permanência da escravidão, alegando que tal regime deveria ser extinto com o passar do tempo, de forma "natural", o que, com a proibição do tráfico e da importação de escravizados vigente desde 1850 (Lei Eusébio de Queiróz), ocorreria à medida que morressem os escravos mais velhos.

Além disso, José de Alencar entendia que a escravidão desenvolvia atributos sociais e afetivos de caráter positivo – a miscigenação, ainda que de maneira forçada, apresentava um papel civilizador, especialmente para os escravos. Ainda, afirmava que, seja em razão do contato contínuo, seja em virtude da miscigenação, a escravidão permitia o enternecimento dos senhores perante os escravos e, inversamente, possibilitava a elevação humana e intelectual dos escravos ante os senhores. Essa perspectiva da escravidão, sem dúvida romanceada, foi retomada com um viés nostálgico por Gilberto Freyre, em seu *Casa-grande & senzala*, de 1933.

(2.6)
Alberto Torres

Lima Sobrinho (1968), em excelente biografia de Alberto Torres (1895-1917), afirma que a carreira desse pensador foi marcada por uma rápida ascensão política e, depois, por uma intensa atividade intelectual. Quando jovem, integrou as campanhas abolicionista e republicana e, como era bacharel em direito, em razão dos laços familiares e dos vínculos políticos, após um período curto de prática na advocacia, passou a ocupar sucessivos cargos públicos nos três poderes e nos três níveis da federação: foi deputado estadual (1892-1893), deputado federal (1894-1895), ministro da Justiça (1896-1897), presidente do Rio de Janeiro (1897-1900) e ministro do Supremo Tribunal Federal (1901-1907).

Mantendo-se como um profundo conhecedor da literatura sociológica e filosófica de sua época durante a carreira política, sua atividade intelectual desenvolveu-se de fato apenas após a aposentadoria, a partir de 1907. Os livros de Alberto Torres consistem, de modo geral, em coletâneas de extensos artigos, publicados em periódicos, que abordaram os mais variados aspectos da vida política e social brasileira: estrutura de classes, organização econômica, instituições políticas, cultura cívica, teoria filosófica e sociológica. Para o que nos interessa, seu principal livro é *A organização nacional*, de 1914.

Alberto Torres exerceu grande influência em sua época. Após sua morte, alguns seguidores desenvolveram uma escola de pensamento sociológico e político e, em 1932, fundaram a Sociedade dos Amigos de Alberto Torres. Não obstante existirem discípulos ortodoxos desse pensador, a maioria dos membros dessa sociedade mantinha alguns pontos de divergência em relação ao posicionamento de seu patrono. Entre seus membros estava Oliveira Viana, que compartilhava ideias com Alberto Torres desde a década de 1910. Como lembra Fernandes (2010), Alberto Torres ficou à sombra do sucesso de Oliveira Viana, uma vez que aquele era visto apenas como um prenunciador deste, até mesmo na defesa do *autoritarismo*. Essa não era a perspectiva adotada por Lima Sobrinho (1968), que defendeu tanto a originalidade de Alberto Torres quanto seu viés não autoritário. De nossa parte, concordamos com Lima Sobrinho e entendemos incorreto classificar Alberto Torres como um *autoritário*.

Conforme as categorias que apresentamos no Capítulo 1, Seção 1.1.4, podemos qualificar Alberto Torres como um autor-ator. Suas reflexões sociais e políticas são profundamente marcadas por sua experiência prática, e a preocupação com a possibilidade de aplicação concreta e de conhecimento empírico da realidade permeia todos os seus escritos. Dessa forma, mesmo quando se voltava mais diretamente aos intelectuais de sua época, seus escritos visavam influenciar os demais, com clara preocupação política. Além disso, como escreveu após se aposentar dos vários cargos públicos que ocupou, fica evidente que não havia vínculos com instituições acadêmicas ou universitárias, ou seja, sua produção intelectual também era autônoma.

Alberto Torres foi um republicano de primeira hora. Contudo, nos anos seguintes à Proclamação da República, desiludiu-se com os ideais que o motivaram inicialmente ao constatar que nem todos os políticos compartilhavam desses modelos nem os perseguiam efetivamente. Em razão do trabalho contínuo com os problemas concretos do país, começou a perceber deficiências na estrutura política brasileira, as quais impediam a solução das dificuldades sociais e econômicas.

Diante disso, Alberto Torres passou a criticar a dissociação entre o "país real" e o "país legal", ou seja, entre a realidade nacional e as previsões jurídicas, ressaltando a inadequação de muitas instituições para lidar com os problemas nacionais, bem como a existência de um estrito formalismo jurídico no tratamento dessas questões. O autor criticava o federalismo implantado com a República. Em sua opinião, esse arranjo era adequado quanto à concessão de certa autonomia aos estados e municípios; no entanto, quando extremado, o modelo impedia que soluções de caráter nacional fossem implementadas. Nesse sentido, em vez de o federalismo viabilizar relações fraternas e amigáveis entre os estados, ensejava particularismos e antagonismos. Por esses motivos, para o autor, era necessária uma reestruturação do arranjo federal no Brasil.

A **reestruturação do federalismo** era uma entre as inúmeras propostas que o autor sustentava no âmbito de revisão constitucional. Para que fosse possível essa reestruturação, Torres indicava a necessidade de alterações profundas na estrutura do Estado brasileiro, as quais sugeriam dotar o governo federal de mais poderes para regular as relações estaduais e para implementar políticas de caráter nacional. Além disso, o Estado deveria abandonar a postura liberal de seguir o *laissez-faire*[9] para dedicar-se às **políticas de desenvolvimento econômico** (ainda que, seguindo o pensamento da época, Alberto Torres considerasse que o Brasil tinha uma vocação agrária, e não industrial).

De modo mais específico, Alberto Torres também defendia a constituição de um "Poder Coordenador", responsável por inúmeras tarefas: harmonização dos demais poderes (Executivo, Legislativo, Judiciário) e das relações entre os entes da federação (estados e municípios); fiscalização orçamentária, eleitoral e política; desenvolvimento de políticas públicas nacionais; realização de estudos e pesquisas sociais, econômicas, políticas, entre outras. Por fim, posicionava-se a favor da **representação mista**, ou seja, além da eleição de deputados com candidatos da população, o político e jornalista propunha a eleição de deputados de categorias profissionais e sociais.

---

9 A expressão francesa laissez-faire, laissez-passer *(deixai fazer, deixai passar) corresponde a uma fórmula do liberalismo econômico. Empregada quando se deseja indicar que o Estado não deve interferir de maneira nenhuma na economia, permitindo que o mercado se desenvolva e se regule com autonomia, é frequentemente adotada pelos defensores do chamado* Estado mínimo.

É interessante ressaltarmos que, embora esse Poder Coordenador não tenha sido concretizado, muitas medidas sugeridas por Alberto Torres foram desenvolvidas nas décadas posteriores a 1930, a exemplo da criação da Justiça Eleitoral, do Instituto Brasileiro de Geografia e Estatística (IBGE), do Instituto de Pesquisa Econômica Aplicada (Ipea) e de outros institutos de pesquisa, além da instituição de diversos órgãos de controle, como o Tribunal de Contas da União (TCU) e a Controladoria-Geral da União (CGU).

(2.7)
OLIVEIRA VIANA

Francisco José de Oliveira Viana (1883-1951), viveu durante toda a Primeira República (1889-1930), passando pela Era Vargas (1930-1945) até o início da Terceira República (1946-1964). Embora fosse bacharel em direito, realizou extensas leituras no âmbito das ciências sociais, tornando-se um sociólogo autodidata. Sua participação nos debates públicos começou com a publicação de artigos políticos em jornais a partir da década de 1910, num tempo em que lecionava Direito. Sua obra sociológica mais famosa é *Populações meridionais do Brasil*, de 1920. Em virtude de suas preocupações e de seus diagnósticos, aproximou-se de Alberto Torres e, após a morte deste, passou a integrar a Sociedade de Amigos de Alberto Torres.

Na década de 1930, após Getúlio Vargas tomar o poder e iniciar a promulgação da legislação trabalhista, Oliveira Viana começou a se dedicar ao estudo desse tema, tornando-se um dos primeiros especialistas brasileiros nessa área, chegando a ser professor da disciplina, que, na época, era chamada *Direito Social*, naquela que viria a ser a Universidade Federal Fluminense (UFF). De 1940 até sua morte, em 1951, Oliveira Viana ocupou o cargo de ministro do Tribunal de Contas da União, fiscalizando o orçamento público federal em seus diversos níveis e atos.

Ainda que sem ter ocupado muitos cargos públicos, é possível dizer que Oliveira Viana foi um ator-autor, pois, desde o início de sua carreira intelectual, sua produção integrava os debates públicos, até mesmo sua atuação tardia no TCU deve ser encarada no quadro de suas atividades políticas públicas. Ainda, considerando que, na área do pensamento político brasileiro e, mais especificamente, da teoria social, ele era autodidata, podemos classificar sua produção como *autônoma*, desvinculada de instituições universitárias.

Indiscutivelmente, a obra de Oliveira Viana é uma das mais importantes na área do pensamento político brasileiro, sendo uma das mais lidas e comentadas. Essa relevância pode ser avaliada tanto por meio das reflexões que esse autor produziu quanto pelas possibilidades analíticas que o exame de sua obra suscita.

Oliveira Viana observou que, durante o período colonial (1500-1822), desenvolveram-se no Brasil sociedades estruturadas nas diversas províncias; mas tais sociedades eram autocentradas e isoladas, o que se refletia em sua natureza fortemente antipolítica – repeliam interferência externa, limitavam-se a seus interesses específicos e recusavam-se a ampliar o âmbito de suas preocupações. Evidentemente, essas sociedades autocentradas eram rurais, dominadas pelos grandes senhores de terras e por suas famílias, que se constituíam em verdadeiros clãs; com raras exceções, as cidades eram subordinadas a esses senhores.

O resultado disso é que, durante o período colonial, o Brasil não logrou desenvolver-se como uma sociedade ampla e integrada; havia somente uma "colcha de retalhos" com poucos e frágeis laços unindo as partes entre si e elas ao poder central (que, ainda por cima, ficava na Europa). Essa fragmentação social originária da Colônia foi denominada por Oliveira Viana de *insolidarismo*.

Durante o Brasil Império, embora a base social se mantivesse estável em grande parte, a estrutura política começou a mudar. Oliveira Viana teceu elogios aos políticos do período imperial que constituíram um Estado centralizado capaz de manter a unidade política do país e de criar uma identidade nacional mais efetiva. A esses políticos ele dá a alcunha de *idealistas orgânicos*: *idealistas* porque perseguiam ideais e *orgânicos* porque, consoante suas avaliações realistas do Brasil, esses políticos tratavam a sociedade nacional de forma integrada, buscando constituir uma verdadeira **unidade nacional**.

Se Oliveira Viana era só elogios aos políticos do Império, sua avaliação da República (proclamada em 1889) foi bem diferente. A Constituição Federal de 1891, a primeira constituição republicana, substituiu o unitarismo político pelo **federalismo** e a monarquia constitucional pelo **presidencialismo**. Mas os grandes poderes de que a administração central (a Corte, isto é, o Rio de Janeiro) gozava no Império foram substituídos por um forte federalismo na República, afrouxando bastante os laços que os estados mantinham entre si. Além disso, para Oliveira Viana, os autores da Constituição de 1891 desejavam criar uma sociedade liberal no Brasil desconsiderando a realidade social e política do país, almejavam o primado da opinião pública, mas deixavam de lado a existência do insolidarismo, ou seja, do forte particularismo dos "clãs".

A democracia liberal foi criada no país por meio de decretos, ocasionando uma separação entre o país legal (estabelecido pela Constituição) e o país real (originário da colônia e modificado em parte durante o Império). As críticas de Oliveira Viana a essa forma de proceder eram tão fortes que ele a chamava de *idealismo utópico*, evidenciando um caráter quimérico ou fantasioso[10].

As categorias **idealismo orgânico e idealismo utópico**, aplicadas respectivamente aos políticos do Império e da República, revelava a avaliação que Oliveira Viana fazia da política brasileira nas décadas de 1910 e 1920, bem como davam indícios sobre a política que ele recomendava para o país, qual seja, o federalismo republicano deveria ser substituído por uma nova política centralizadora e unitarista. Além disso, ele enfatizava bastante a autoridade do Estado e, após 1930, não deixava de apoiar as ações de Getúlio Vargas voltadas para centralização política.

Oliveira Viana afirmou, especialmente após 1946, que seu objetivo era criar uma **sociedade liberal-democrática** no Brasil, semelhante à que havia na Inglaterra e nos Estados Unidos – mesmo que para isso tivesse, antes, de instaurar um autoritarismo e forçar os brasileiros a serem democráticos. Entretanto, a interpretação de Santos (1998), segundo a qual Oliveira Viana era um autoritário instrumental, foi questionada por outros autores, como Lamounier (1977) e Silva (2004). Para estes, a ênfase de Oliveira Viana na autoridade do Estado e suas concepções organicistas eram muito sólidas para admitir o caráter passageiro – e, portanto, instrumental – de seu autoritarismo.

---

10 *Essas ideias estão expostas também no artigo "O idealismo da constituição" (Oliveira Viana, 1981), publicado em uma coletânea organizada em 1924 por Vicente Licínio Cardoso e intitulada* À margem da história da República *(Cardoso, 1981).*

(2.8)
Francisco Campos

Quando apresentamos o pensamento de Oliveira Viana, constatamos que há certa polêmica em torno da classificação de seu pensamento, se pode ou não ser considerado autoritário instrumental. Esse tipo de polêmica não ocorre a respeito de Francisco Campos, que foi clara e assumidamente um pensador e político autoritário.

A vida política de Francisco Luís da Silva Campos (1891-1968) concentrou-se entre as décadas de 1920 e 1940, mas esteve atuante mesmo em seus últimos anos – foi ele o autor do texto do Ato Institucional n. 1 (AI-1), que estabeleceu as bases jurídicas do regime militar instaurado em 1964.

Formado em direito, desde os tempos de estudante universitário desenvolvia atividades políticas, enfatizando a necessidade de reforço da autoridade estatal e de limitação das liberdades individuais. Durante a década de 1920, foi deputado federal e secretário estadual de educação de Minas Gerais; nesse último cargo, realizou uma importante reforma no sistema estadual de ensino que o levou a ser o titular do então recém-criado Ministério da Educação, entre 1930 e 1932.

O apoio ao autoritarismo e, de modo mais concreto, ao Estado Novo – regime autoritário civil instaurado por Getúlio Vargas em 1937 – tornou-se evidente durante o período em que Campos foi ministro da Justiça entre 1937 e 1942. Aliás, ele foi o autor da Constituição Federal de 1937, que regulava o Estado Novo.

Campos não era um intelectual sistemático, não era alguém que escrevesse com regularidade. Assim, aquela que, para os propósitos deste livro, é sua principal obra – *O estado nacional*, de 1939 – consiste em uma coletânea de artigos, discursos e pareceres redigidos na década de 1930. Considerando as categorias expostas no Capítulo 1, Seção 1.1.4, é possível classificar Campos como um autor-ator, uma vez em que seus escritos estão intimamente vinculados a sua atuação prática, pois são reflexões e exposições teóricas de sua atividade política. E exatamente em razão disso, ele deve ser considerado um pensador autônomo, pois escrevia como político prático e agente político (deputado federal, secretário estadual, ministro de Estado), e não como professor universitário ou pesquisador acadêmico.

Para Campos, a democracia liberal é um regime político inadequado para as sociedades modernas, que apresentam grande divisão econômica e social do trabalho e intensa complexidade técnica da atividade econômica, além de se constituírem em sociedades de massa, isto é, de volumoso contingente populacional. Os debates políticos continuados dificultavam a organização e a estruturação da atividade econômica, impedindo ou atrasando as decisões necessárias para a condução da vida social. As massas teriam de ser organizadas em bloco, não havendo espaço para a manifestação dos direitos individuais. Na visão de Campos, a solução seria, então, aplicar, o autoritarismo.

No que se refere às **questões sociais**, o autoritarismo seria adequado porque permite organizar e disciplinar as massas; de modo mais específico, a **estrutura corporativista** permitia a canalização e a condução dos eventuais conflitos de classe. Mas o que define o corporativismo? A mediação obrigatória dos conflitos de classe pelo Estado – em cada fábrica ou para cada categoria econômica haveria representantes dos trabalhadores e dos patrões, organizados em sindicatos oficiais, e esses representantes deveriam discutir suas demandas em negociações mediadas por representantes do Estado. O **critério classista** também era parâmetro para a representação propriamente política, ou seja, os deputados federais e estaduais seriam eleitos de acordo com as várias categorias econômicas, profissionais e de classe.

Quanto às **questões políticas**, o autoritarismo seria o regime mais adequado porque evita os longos debates políticos, permite a tomada de decisões com mais técnica e celeridade. De modo mais específico, para Campos, os parlamentos deveriam ser substituídos por **grupos técnicos** (para a tomada de decisões) e pelo **corporativismo** (para a representação social). Por fim, o jurista valorizava a atuação do chefe político carismático, visto por ele como unificador da nação.

Assim, ainda que fosse expressamente autoritário e antiliberal, Campos definia seu autoritarismo como *democrático*, seja porque previa uma forma de representação política, seja porque se fundamentava na estrutura social moderna. Da mesma maneira, ele também admitia a realização de plebiscitos e de consultas populares sobre amplas decisões políticas a serem tomadas, embora, como ministro da Justiça, não tenha proposto ou realizado algum.

(2.9)
Jessé Souza

O sociólogo contemporâneo Jessé José Freire de Souza (1960-) é professor universitário, tendo lecionado na Universidade Federal de Juiz de Fora (UFJF). Há vários anos integra o quadro da Universidade Federal Fluminense(UFF). Entre os anos 2015 e 2016, presidiu o Instituto de Pesquisa Econômica Aplicada (Ipea), que, ao lado do Instituto Brasileiro de Geografia e Estatística (IBGE), é um dos mais importantes órgãos federais de pesquisas sociais e econômicas. Como sociólogo, nos últimos anos, Jessé Souza tem-se dedicado a pesquisar a estrutura de classes do Brasil, procurando caracterizar os estratos inferiores (que provocativamente chama de *ralé* e de *batalhadores*), os estratos médios e as elites. Dessa forma, ele combina a atuação acadêmica com alguma atuação prática, procurando descrever e conhecer o conjunto da estrutura social brasileira.

No que tange ao pensamento político brasileiro, o que nos interessa em Jessé Souza é o livro *A tolice da inteligência brasileira*, publicado em 2015, em que o autor polemiza sobre o desempenho dos intelectuais brasileiros, bem como a respeito da estrutura, da atuação e da função do Estado no Brasil, além investigar a estrutura nacional de classes, em particular a da chamada *nova classe média* (em sua opinião, um mito).

André Müller

A atuação e a produção de Jessé Souza são predominantemente acadêmicas. No entanto, considerando sua passagem como presidente do Ipea e também as polêmicas em que se envolve desde 2014 sobre os grandes temas políticos e sociais nacionais – incluindo aí o livro que citamos –, parece que devemos classificá-lo como um autor-ator.

Antes de comentarmos as ideias de Jessé Souza, convém fazemos uma ressalva – ou, melhor, reafirmarmos uma observação feita anteriormente. No início deste capítulo, quando expusemos os traços gerais da família teórica do Estado demiurgo, indicamos que a ênfase na importância do papel do Estado diante da sociedade é um dos mais expressivos elementos, se não o próprio traço definidor dessa família teórica. E constatamos que, com facilidade, a ênfase no papel do Estado pode resultar em autoritarismo, seja instrumental (como às vezes atribui-se a Oliveira Viana), seja expresso (como no caso de Francisco Campos).

Entrementes, não é apropriado estabelecer um vínculo automático e necessário entre a afirmação do papel do Estado e o autoritarismo. No caso de Alberto Torres, apontá-lo como autoritário é, no mínimo, problemático e, no caso de Jessé Souza, isso é simplesmente errado. Assim, a inclusão de um autor contemporâneo na família teórica do Estado demiúrgico cumpre ao menos duas funções:

1. evidenciar que essa família teórica não se resume simplesmente a uma questão histórica – ela é viva e atuante;
2. impedir que se defina a valorização do papel do Estado como sinônimo de autoritarismo.

> Não é apropriado estabelecer um vínculo automático e necessário entre a afirmação do papel do Estado e o autoritarismo.

Essa observação torna-se fundamental quando, especialmente a partir de 2013, verificamos a existência de diversos grupos sociais e políticos os quais afirmam que o aumento da ação do Estado sobre a sociedade equivale necessariamente à ampliação ou à instituição do autoritarismo no país. Esses grupos, de modo geral, estão à direita no espectro político e identificam-se como liberais. Por sua vez, os grupos de extrema-direita não são liberais, pois pregam a intervenção militar na política brasileira.

Dito isso, passemos à exposição das ideias de Jessé Souza, que assume a democracia como um pressuposto, ou seja, a **participação política popular** e a **diminuição das desigualdades sociais** são valores que norteiam suas análises. Com relação ao Estado, sua avaliação fundamenta-se, de modo mais concreto, em uma crítica ao neoliberalismo – concepção social e política que defende que o Estado deve ser o menor possível, a fim de permitir que a sociedade se desenvolva autonomamente. Subjazem ao neoliberalismo as visões de que toda e qualquer ação do Estado é uma interferência limitadora das liberdades e de que as próprias forças sociais – nomeadamente o mercado – são capazes de regular-se e de satisfazer suas próprias necessidades. Dessa forma, ao Estado cabem responsabilidades mínimas: estabelecimento e manutenção da lei e da ordem, estabilidade monetária, relações internacionais, o que, por consequência, requer uma estrutura mínima. Todo o conjunto de instituições que se vincula ao Estado de bem-estar social – como estatais de saúde, educação e previdência social, empresas públicas, sociedades de economia mista e autarquias e fundações públicas – são percebidas pelo neoliberalismo como prejudiciais à eficácia econômica e ao estímulo individual, fundamentando-se aí sua recomendação de, em regra, privatizar essas instituições[11].

Para Jessé Souza (2015), o neoliberalismo é uma concepção equivocada para as sociedades em geral e, em particular, para a caracterizada por grandes desigualdades e por exclusão social. Justamente ao contrário do que prega o neoliberalismo, para ele, o Estado no Brasil deve aumentar sem deixar de ser eficiente, com vistas a não mais servir de instrumento para que as elites se mantenham ricas e no poder.

Na avaliação de Jessé Souza (2015), os pensadores nacionais adotaram os valores do (neo)liberalismo – ainda que não assumam ou não reconheçam essa influência –, e não somente os que atuam no

---

11 *Essas ideias foram expostas por diversos economistas durante o século XX, como Milton Friedman e Friedrich von Hayek. No âmbito internacional, foram aplicadas e estimuladas inicialmente na Inglaterra, sob o governo de Margaret Thatcher, e depois nos Estados Unidos, sob a presidência de Ronald Reagan, a partir da década de 1980. De Hayek, tornou-se famoso seu libelo* O caminho da servidão *(2010).*

país desde a década de 1980, mas toda a tradição intelectual próxima ao liberalismo do Estado brasileiro[12]. E isso se confirma nas críticas sistemáticas ao Estado feitas por esses intelectuais, conjugadas com a defesa do mercado, em que afirmam o que o primeiro seria espaço da corrupção, da opressão e da ineficiência, e o segundo, espaço da virtude, da liberdade e da eficiência. O autor denomina essa concepção – do elogio sistemático da iniciativa privada e da prescrição de privatizações – *de mito do mercado como reino das virtudes*.

Jessé Souza (2015) se opõe ao neoliberalismo, esclarecendo que o mercado reforça as desigualdades e, portanto, o Estado é necessário no Brasil em razão de sua herança histórica e do funcionamento do mercado. Para o autor, o Estado tem, sim, de sofrer reforma, não para diminuir de tamanho, mas para se tornar mais eficiente, especialmente no sentido de atender às demandas sociais. Além disso, de modo mais específico, o Estado deve deixar de ser um instrumento *das* e *para as* elites e tornar-se um **agente de inclusão social**. Para isso, Jessé Souza (2015) considera necessário modificar as ideias e as práticas intelectuais, acadêmicas e políticas.

(2.10)
Ideias dos autores do modelo do Estado demiurgo

No Quadro 2.1, apresentamos, de forma resumida, as ideias dos autores do modelo do Estado demiúrgico, indicando suas concepções sobre o Estado, sobre a sociedade, os objetivos buscados e as propostas efetivamente elaboradas.

---

12 *Nesse sentido, Jessé Souza tem em mira também autores considerados clássicos da família teórica da sociedade articulada (a ser vista no próximo capítulo), como Raimundo Faoro.*

Quadro 2.1 – Comparação entre os autores do modelo do Estado demiurgo

Autor	Concepção sobre o Estado	Concepção sobre a sociedade	Objetivos	Solução proposta
Visconde de Uruguai	• Estruturador da nação.	• Desestruturada. • Composta por grupos com atuação centrífuga.	• Manutenção da unidade territorial. • Desenvolvimento da civilização. • Elogio do *self-government*.	• Estado unitário e centralizado. • Posteriormente: defesa parcial do federalismo.
José de Alencar	• Aglutinador e realizador dos interesses da sociedade.	• Estruturada, com grupos de opinião e interesses.	• Partidos como vínculos entre a sociedade e o Estado. • Representatividade dos partidos. • Expressão dos interesses e das opiniões da sociedade. • Estado como realizador dos interesses da sociedade.	• Fortalecimento dos partidos políticos. • Ampliação do voto.
Alberto Torres	• Regulador da sociedade. • Agente de combate às desigualdades econômicas e sociais. • Frágil diante das necessidades sociais.	• Estruturada. • Composta por grupos com atuação centrífuga. • Apresenta diferenças exageradas entre as unidades da federação. • Necessita de apoio estatal para desenvolvimento econômico.	• Desenvolvimento econômico do país. • Articulação entre unidades da federação. • Melhor coordenação entre os órgãos do Poder Público.	• Revisão constitucional. • Revisão do federalismo da Primeira República, com reforço do poder central. • Instituição do Poder Coordenador. • Criação de órgãos de fiscalização pública e de pesquisas sociais e econômicas. • Estímulo e coordenação do desenvolvimento econômico.

(continua)

(Quadro 2.1 – conclusão)

Autor	Concepção sobre o Estado	Concepção sobre a sociedade	Objetivos	Solução proposta
Oliveira Viana	• Condutor e regulador da sociedade.	• Presença do insolidarismo. • Fragmentada. • Composta por grupos com atuação centrífuga e por particularistas.	• Realização de uma sociedade liberal. • Constituição de uma nação unificada. • Realização de um Estado nacional verdadeiro.	• Fortalecimento do poder do Estado. • Combate aos localismos. • Reforço da autoridade central.
Francisco Campos	• Condutor e regulador da sociedade.	• Sociedade capitalista, organizada em classes e profissões.	• Rapidez nas decisões políticas e econômicas. • Racionalidade técnica nas decisões políticas e econômicas.	• Estado autoritário. • Representação classista e profissional, se necessário.
Jessé Souza	• Regulador da sociedade. • Agente de combate às desigualdades econômicas e sociais.	• Sociedade civil estruturada. • Intelectuais fascinados pelo neoliberalismo e pelo mito do mercado.	• Desenvolvimento e fortalecimento da democracia. • Combate às desigualdades econômicas e sociais.	• Fortalecimento do papel do Estado. • Fortalecimento do papel da sociedade. • Mudança de mentalidade dos intelectuais, contra o neoliberalismo.

Para saber mais

Para conhecer em detalhes a estrutura e a dinâmica político-institucional do Império brasileiro, bem como o Conselho de Estado e o Senado desse período, vale consultar a obra *A construção da ordem: a elite política imperial/Teatro das sombras: a política imperial*, de José Murilo de Carvalho:

>CARVALHO, J. M. de. **A construção da ordem**: a elite política imperial; **Teatro das sombras**: a política imperial. 2. ed. Rio de Janeiro: UFRJ, Relume-Dumará, 1996.

A discussão que apresentamos neste livro refere-se à constituição da sociedade política brasileira. Todavia, é possível ler um interessante relato sobre os conflitos ocorridos na transição do regime doméstico para o regime nacional no caso das sociedades da Antiguidade clássica, especialmente nas gregas e romana, no livro de Fustel de Coulanges, *A cidade antiga*.

>COULANGES, F. de. **A cidade antiga**. 5. ed. Tradução de Fernando de Aguiar. São Paulo: M. Fontes, 2004.

Em outra oportunidade, já escrevemos, de forma didática, sobre os temas *unitarismo político*, *federalismo*, *monarquia constitucional* e *presidencialismo* na obra *Introdução à sociologia política*:

>LACERDA, G. B. de. **Introdução à sociologia política**. Curitiba: InterSaberes, 2016.

Em *O tempo saquarema*, Ilmar Rohloff de Mattos analisa a política imperial e a sociedade brasileira das décadas de 1840 e 1850. Confira:

>MATTOS, I. R. de. O tempo saquarema. São Paulo: Hucitec, 1987. (Coleção Estudos Históricos).

Sobre os integralistas brasileiros, um estudo clássico é o de Hélgio Trindade em *Integralismo: o fascismo brasileiro na década de 30*.

> TRINDADE, H. **Integralismo**: o fascismo brasileiro na década de 30. 2. ed. São Paulo: Difel, 1979.

Síntese

No modelo demiúrgico, o Estado tem a função de estruturar a sociedade, criar condições sociopolíticas para que esta se desenvolva liberal ou atuar como principal ator social nas modernas democracias industriais de massa. O protagonismo estatal é justificado pela visão de que a sociedade é desarticulada e incapaz de representar seus próprios interesses, ou é dominada por interesses mesquinhos e particularísticos, de modo que a noção de *bem comum* só pode ser estabelecida com a ação do Estado.

A defesa da ação decidida e central do Estado não implica necessariamente autoritarismo: há autores nesse modelo que são democratas convictos. Ainda que essa corrente apresente pensadores autoritários – em alguns casos, são intelectuais que consideram a autoridade do Estado como a manifestação de ideais coletivos e, portanto, um **ideal moral** –, outros consideram-na um instrumento transitório e necessário para que a sociedade possa se estruturar, eliminando os particularismos.

Entre os intelectuais do Estado demiurgo estão Visconde de Uruguai, José de Alencar, Alberto Torres, Oliveira Viana, Francisco Campos e Jessé Souza.

Questões para revisão

1. A respeito da ideia de *Estado demiurgo*, assinale a alternativa correta:
   a) Uma das justificativas para o Estado demiúrgico é que a sociedade é articulada e, portanto, não necessita ser estruturada.
   b) Tendo em vista que possibilita a existência de um Estado superior, o modelo demiurgo equivale ao imperialismo.
   c) Na medida em que favorece um Estado forte ou intervencionista, a ideia do Estado demiurgo equivale ao autoritarismo.
   d) Uma das justificativas para o Estado demiúrgico é que a sociedade é dominada por organizações antissociais e, por isso, é necessário que um poder social maior estabeleça os hábitos propriamente políticos.
   e) Se determinado autor defende a existência de um Estado forte e atuante, isso significa que ele é a favor do autoritarismo.

2. No que se refere ao autoritarismo instrumental, assinale a alternativa correta:
   a) Essa noção foi proposta por Oliveira Viana.
   b) Esse conceito sugere que houve autores que defenderam o autoritarismo como instrumento (meio) para que se atinja a sociedade liberal democrática (objetivo).
   c) Ao propor essa categoria, Wanderlei Guilherme dos Santos evidenciou que se alinha politicamente à defesa do autoritarismo.

Gustavo Biscaia de Lacerda

d) O autoritarismo instrumental é compatível com o liberalismo dogmático.

e) Esse conceito sintetiza a ideia de que o autoritarismo é o meio para uma sociedade autoritária.

3. A respeito de Visconde de Uruguai, assinale a alternativa correta:
   a) Visconde de Uruguai integrava a Trindade Luzia.
   b) Há certa correspondência entre a civilização da América Latina e do litoral e a barbárie no Brasil e no interior.
   c) Visconde de Uruguai não considerava importante as experiências de *self-government*.
   d) Esse autor-ator considerava a centralização política um recurso a favor da anarquia política e social.
   e) Para Visconde de Uruguai, a centralização era uma forma de manter a unidade política do país.

4. A respeito de José de Alencar, assinale a alternativa correta:
   a) A exemplo do também escritor romântico Castro Alves, era contrário à escravidão.
   b) Para esse autor, a função dos partidos políticos é distanciar a sociedade e o governo.
   c) Para esse político, a opinião pública concentra-se apenas no governo.
   d) De acordo com o romancista, a fim de permitir uma representação adequada, o voto deve restringir-se aos políticos profissionais.
   e) O autor era admirador do liberalismo inglês, especialmente do parlamentarismo.

5. Sobre Alberto Torres, assinale a alternativa correta:
   a) Entre suas ideias, revelou-se a crítica ao federalismo da Primeira República.
   b) Aderiu ao regime republicano apenas após a Proclamação da República, em 1889.
   c) Como parte da solução para os problemas brasileiros, defendia a mudança de regime político.
   d) Apoiava a separação entre o país real e o país ideal.
   e) Desiludido com a ineficiência política dos três poderes de sua época, propunha sua substituição pelo Poder Coordenador.

6. Com relação à intervenção do Estado na sociedade, estabeleça comparações entre as ideias de Oliveira Viana e Francisco Campos. Esses pensadores compartilhavam os mesmos objetivos e apresentavam soluções semelhantes? Justifique.

7. Você concorda que Jessé Souza pode ser classificado como integrante da categoria do Estado demiurgo? Por quê?

Questões para reflexão

1. Leia um trecho do discurso *Oração à Bandeira*, proferido por Francisco Campos em 19 de novembro de 1937:

> Bandeira do Brasil, és hoje a única. Hasteada a esta hora, em todo o território nacional, única e só, não há lugar no coração dos brasileiros para outras flâmulas, outras bandeiras, outros símbolos. Os brasileiros reuniram-se em torno do Brasil e decretaram, desta vez, a determinação de não consentir que a discórdia volte novamente a dividi-lo, que o Brasil é uma só Pátria e que não há lugar para outro pensamento que não seja o pensamento do Brasil, nem espaço e devoção para outra bandeira que não seja esta, hoje hasteada por entre as bênçãos da Igreja, a continência das espadas, a veneração do

> povo e os cantos da juventude. Tu és a única, porque só há um Brasil; em torno de ti se refaz de novo a unidade do Brasil, a unidade do pensamento e da ação, a unidade que se conquista pela vontade e pelo coração, a unidade que somente pode reinar, quando se instaura, pelas decisões históricas, por entre as discórdias e as inimizades públicas, uma só ordem moral e política, a ordem soberana, feita de força e de ideal, a ordem de um único pensamento e de uma só autoridade, o pensamento e a autoridade do Brasil.

Fonte: Campos, 2001, p. 217-218.

Quais eram os papéis sociais, políticos e econômicos reservados ao Estado e à sociedade após o surgimento do Estado Novo (1937-1945)? Qual era o sentido da "existência de uma única bandeira" no Brasil? Aliás, qual era o sentido das "bênçãos da Igreja" e da "continência das espadas" em tal conjuntura?

2. No final do filme *O poderoso chefão II*, há uma longa e interessante cena de *flashback*, em que os filhos de Vito Corleone estão reunidos em volta da mesa de jantar, à espera do pai, no dia do aniversário dele. Enquanto os irmãos conversam entre si, Michael Corleone comenta que se alistou na Marinha dos Estados Unidos para ajudar no esforço da Segunda Guerra Mundial (1939-1945), ao que é imediatamente recriminado pelos irmãos, supostamente por abandonar a família em nome de problemas e ilusões de outras pessoas.

Para facilitar, eis a transcrição do diálogo:

> Santino (James Caan), Mike (Al Pacino), Tom (Robert Duvall) e outros estão sentados à mesa, conversando sobre o ataque japonês a Pearl Harbor, ocorrido na manhã daquele dia, em 7 de dezembro de 1941.
> **Santino**: São tolos porque arriscam suas vidas por estranhos.
> **Mike**: Papai é que fala assim!
> **Santino**: Tem razão, papai fala assim!
> **Mike**: Eles se arriscam pela pátria.
> **Santino**: A pátria não é o sangue de ninguém.
> **Mike**: Não penso assim.
> **Santino**: Então largue os estudos e se aliste.
> **Mike**: Foi o que eu fiz. Alistei-me na Marinha.
> *Todos ficam estáticos, surpresos com a notícia.*
> **Tom**: Por que não nos consultou?
> **Mike**: Como assim?
> **Tom**: Papai conseguiu um adiamento.
> **Mike**: Eu não pedi que o fizesse. Não era isso que eu queria.
> *Santino, que estava sentado até então, levanta-se e começa a dar tapas e socos em Mike.*
> **Tom**: Vamos lá, parem com isso!

Fonte: O PODEROSO Chefão II. Direção de Francis Ford Coppola. Produção de Francis Ford Coppola. Los Angeles: Paramount Pictures, 1974. 202 min.
[transcrição nossa].

Analise o diálogo em face do familismo amoral e dos obstáculos que este impõe para a constituição de uma sociedade política, de caráter nacional.

Capítulo 3
Sociedade
estruturada

Conteúdos do capítulo:

- Sociedade estruturada.
- Variedades do liberalismo.
- Federalismo.
- Ideias de Tavares Bastos.
- Ideias de Joaquim Nabuco.
- Ideias de Rui Barbosa.
- Ideias de Raimundo Faoro.
- Ideias de Florestan Fernandes.
- Ideias de Simon Schwartzman.

Após o estudo deste capítulo, você será capaz de:

1. caracterizar o modelo da sociedade estruturada;
2. distinguir algumas variedades do liberalismo, especialmente o político e o econômico;
3. identificar características do federalismo;
4. relacionar Estado sufocante com sociedade estruturada;
5. expor algumas das ideias de Tavares Bastos, Joaquim Nabuco, Rui Barbosa, Raimundo Faoro, Florestan Fernandes e Simon Schwartzman.

Os autores que apresentaremos neste capítulo adotam uma perspectiva oposta àqueles sobre os quais discorremos no capítulo anterior. Para eles, a sociedade não é fraca ou sequestrada, pelo contrário, a sociedade brasileira é viva, rica e articulada, mas se vê sufocada por um Estado grande, pesado e, não raras vezes, opressor. Dessa forma, os autores dessa família teórica propõem o fortalecimento da sociedade civil ao lado de variadas reformas democratizantes ou liberalizantes do Estado.

(3.1)
Estado sufocante *versus* sociedade estruturada

Com base no exposto no Capítulo 2, torna-se mais fácil e simples entender as ideias defendidas pelos autores que abordaremos neste capítulo, pois basta invertermos os juízos de valor sobre Estado e sociedade. Sendo assim, para os autores que integram a classificação da sociedade estruturada, o polo positivo reside na sociedade e o polo negativo está no Estado. Nesse contexto, os autores afirmam que é o Estado que se vê como objeto da ação de grupos daninhos, particularistas, antissociais etc., e que este age de forma negativa e contrária à sociedade.

Para os autores dessa família intelectual, a sociedade é organizada e articulada: os grupos são estruturados e têm interesses definidos ansiando influenciar as políticas públicas e promovendo, discussões e trocas de ideias. Esses grupos podem ser os mais variados possíveis: associações econômicas (de agricultores, de industriais, de comerciantes, de banqueiros, de trabalhadores etc.), associações culturais (clubes), partidos políticos, igrejas, etc., além, é claro, de órgãos de imprensa e de opinião. A despeito dos juízos de valor sobre o grau de desenvolvimento do Brasil, os autores dessa família teórica consideram a sociedade civil brasileira organizada e pujante, capaz de expressar seus valores, projetos e objetivos e de concretizá-los.

O argumento central defendido por essa família teórica é o de que a sociedade brasileira é estruturada porque existe uma **opinião pública**, e a capacidade de manifestá-la pertence à sociedade. Em outras palavras, a sociedade no Brasil articula-se mediante os inúmeros grupos sociais, que manifestam opiniões claras ou não, coerentes ou não, sobre a organização do Estado, os rumos nacionais, a própria estrutura social, entre outros temas relevantes.

Em contraposição, para tais autores, o Estado brasileiro é uma instituição opressora, pesada, incômoda, sufocante, uma vez que desestimula o ativismo social ao criar cada vez mais impostos, regras e exigências. No limite, o Estado brasileiro é verdadeiramente opressivo ao rejeitar os rumos sugeridos ou desejados pela sociedade e ao impor seus próprios objetivos. Nesse sentido, uma autocrítica de Visconde de Uruguai poderia muito bem ser defendida por qualquer um dos autores partidários da sociedade estruturada, qual seja, certa vez ele afirmou que o Estado brasileiro tinha uma cabeça enorme, mas braços curtos (Souza, 1997; Coser, 2008), querendo dizer que o Estado central se encontrava inchado e ineficiente e que sua capacidade de atuação para o estímulo da vitalidade social estava reduzida.

Além desses problemas – ônus econômico e burocratismo asfixiante, pesado e ineficiente –, na opinião dos autores ora em evidência, o Estado brasileiro também se caracterizava pela truculência e pela repressão política pura e simples. A própria repressão, nesse caso, apresenta um aspecto duplo, em que a imagem criada por Visconde de Uruguai poderia se inverter: um Estado fraco para os poderosos, mas forte para os indefesos; um Estado rigoroso na aplicação da lei contra os despossuídos e contra aqueles que não integrassem as elites políticas, sociais e econômicas, mas brando ou amigável com esses grupos privelegiados. Ainda assim, ressaltamos que, dependendo do contexto histórico, o Estado pode manifestar sua mão pesada sobre alguns setores das elites – evidentemente, aqueles que não o apoiam em determinado momento.

Por essa razão, tal família teórica considera que é necessário **limitar o Estado** a fim de acabar com o sufocamento e permitir a afirmação plena da sociedade civil, realizando-se, assim, o primado da opinião pública na vida política e social nacional, sendo o Estado apenas o representante e o executor da vontade política nacional. Nesses termos, não é difícil perceber que a família teórica do Estado sufocante, ou da sociedade estruturada, corresponde a interpretações sociopolíticas que se inspiram principalmente no liberalismo político e, por vezes, também no liberalismo econômico.

Sobre o liberalismo

O liberalismo político não corresponde a uma única concepção da realidade social e política; é necessário distingui-lo, pelo menos, do liberalismo econômico.

Grosso modo, o liberalismo concebe a sociedade como espontânea e naturalmente organizada, de maneira que ao Estado cabem apenas as funções de regulação dessa ordem natural e de instituição de parâmetros mínimos. Uma consequência direta desse entendimento é que os liberais advogam, de modo geral, que o Estado seja limitado e que suas ações correspondam à vontade coletiva da nação, expressa por diferentes meios (parlamentos, jornais).

O Estado limitado, todavia, pode assumir vários formatos. No caso do liberalismo político, a limitação estatal corresponde à manifestação das liberdades civis e políticas, ou seja, às possibilidades efetivas de cada um pensar e manifestar ideias, de ir e vir, além de poder votar e ser votado. No liberalismo econômico, a ideia é que o Estado interfira minimamente nas atividades econômicas do país, devendo apenas regulá-las e reduzir impostos das empresas privadas, por exemplo.

> Nesses termos, é perfeitamente concebível a coexistência de um Estado e de uma sociedade que sejam liberais politicamente (com liberdades civis e políticas), mas não economicamente (com Estado intervencionista), ou um Estado politicamente iliberal (autoritário), mas economicamente liberal (não intervencionista). Na verdade, historicamente, é possível considerar que a França, a Alemanha e a Inglaterra, entre 1946 e 1972, representaram a combinação de liberalismo político com intervencionismo estatal (com os Estados de bem-estar social), ao passo que o Chile, entre 1972 e 1989, correspondia à combinação de liberalismo econômico e autoritarismo político (durante o regime de Pinochet).
>
> O liberalismo político costuma ser associado ao nome de John Locke (1632-1704). No entanto, as versões consideradas clássicas do liberalismo político são as de John Stuart Mill (1806-1873). Após um longo período sofrendo críticas provenientes dos mais variados lados (socialismo, marxismo, catolicismo), no fim do século XX, o liberalismo político recebeu um poderoso impulso e voltou a ser objeto de atenção em razão da obra de John Rawls (1921-2002), que, por sua vez, foi criticada por outro liberal, Robert Nozick (1938-2002).

Outra possibilidade prática do conjunto das análises da família teórica ora comentada é a defesa do Estado federal ou descentralizado. O Império brasileiro foi de modo geral uma instituição unitária, centralizada, e o mesmo ocorreu durante a Era Vargas. No Estado unitário, o governo central nomeia e controla os governos estaduais e municipais, e essas unidades têm pouca ou nenhuma autonomia política.

Como essa corrente elabora um diagnóstico político de crítica ao tamanho do Estado – considerado o ente que sufoca uma sociedade, que é ou poderia ser dinâmica –, uma das consequências práticas dessa análise é a **descentralização política**, que corresponde à instituição do **federalismo**. Nesse formato, as unidades subnacionais, especialmente os estados, têm grande autonomia política, administrativa e até econômico-financeira. O Estado nacional, em contrapartida, pode ter funções residuais (condução da política externa, negociações econômicas internacionais, instituição de leis gerais para o território etc.) ou funções coordenadas com as demais unidades jurídico-políticas do país (responsabilidade compartilhada pela saúde e pela educação públicas, por exemplo).

Historicamente, o federalismo vigorou no Brasil durante os períodos que ficaram conhecidos como Primeira República (1889-1930), Terceira República (1946-1964) e Nova República (1988-). O federalismo do primeiro período era bastante acentuado, chegando ao ponto, por exemplo, de cada Estado ter sua própria política externa. Nos outros dois momentos, consagraram-se versões de federalismo em que há um compartilhamento de funções entre os vários níveis jurídico-políticos, somados às autonomias política, administrativa e financeira de cada um desses níveis.

Ainda assim, em nenhuma dessas épocas o federalismo brasileiro foi tão extremo quanto o praticado pelos Estados Unidos e, digamos, pela Suíça, que são países tradicionalmente mais identificados com o federalismo *tout court*. Esses países garantem aos estados federados graus de autonomia que incluem, por exemplo, a possibilidade de legislarem sobre questões criminais e penais, o que não ocorre no Brasil.

Embora com certa ambiguidade, a literatura jurídica e sociológica costuma denominar essas versões mais radicais de federalismo de *confederações*, em vez de *federações*. Nos Estados Unidos, por exemplo, a primeira constituição consagrava o confederalismo – seu nome era, precisamente, *Artigos da confederação e de união perpétua*, de 1781. Nela, os Estados eram tão autônomos que eram quase independentes, com pouquíssima articulação entre si. Em razão das dificuldades advindas dessa ampla autonomia, em 1787 promulgou-se uma nova constituição, que é a ainda vigente.

(3.2)
APLICAÇÃO DAS OPOSIÇÕES SOCIOPOLÍTICAS À SOCIEDADE ESTRUTURADA

Considerando as oposições que apresentamos no Capítulo 1, em particular as propostas na Seção 1.3, e da mesma forma que estabelecemos no Capítulo 2, podemos entender a família teórica da sociedade estruturada e sua própria concepção como:

- manifestação do americanismo;
- prática luzia;
- realização do idealismo utópico.

De modo geral, não há necessidade de mais explicações a respeito de cada uma dessas aplicações. Quando Lynch (2011) retomou a oposição saquarema-luzia e quando Oliveira Viana (1981) propôs a oposição idealismo orgânico-idealismo utópico, estavam considerando, precisamente, a atuação intelectual e prática dos pensadores vinculados à família teórica da sociedade estruturada. Ainda que sejam operacionais, ou seja, que sirvam para designar padrões de comportamento e de pensamento, essas duas categorias – luzia e idealismo utópico – apresentam basicamente um caráter descritivo, conforme as concepções dos autores que as propuseram.

O americanismo, ideia retomada por Vianna (2004a), tem certo caráter descritivo, uma vez que, em algum grau, se volta para os Estados Unidos e para a Inglaterra. No entanto, a atuação dos americanistas no Brasil consistiu, muitas vezes, mais em um projeto que em uma realidade concreta. Dito de outra maneira, os membros da família teórica da sociedade estruturada criticavam o Estado sufocante porque entendiam que o Estado (e as práticas sociais brasileiras) impedia a realização de um ideal americanista no país.

(3.3)
Tavares Bastos

No início deste capítulo, afirmamos que a família teórica da sociedade estruturada tem pontos de contato com o liberalismo. Tal aproximação pode ser problemática em casos como o de Raimundo Faoro e, principalmente, de Florestan Fernandes – a serem abordados na sequência; no entanto, é mais do que adequada no caso de Tavares Bastos. De fato, se há um autor entre todos os que citamos neste livro que se pode qualificar como *liberal*, esse autor é Tavares Bastos.

Aureliano Cândido Tavares Bastos (1839-1875) bacharel em direito, teve sua carreira marcada por um grande ativismo político, desenvolvido por meio de sua atuação como deputado geral, entre 1861 e 1870, e como jornalista. Sua produção intelectual consiste em coletâneas de artigos e discursos, e seu livro mais famoso, *A província*, foi publicado em 1870.

Levando em consideração as categorias apresentadas na Seção 1.1.4 do Capítulo 1, percebe-se com clareza que Tavares Bastos era um autor-ator, visto que sua atuação política ocorreu concomitantemente a sua produção intelectual e que esta esteve intimamente relacionada àquela. Como suas atividades não eram vinculadas a instituições acadêmicas, deve ser classificado como autônomo.

Como indicamos, o autor pautava sua reflexão e sua atuação no liberalismo, considerando que a solução para os vários problemas nacionais passava pela adoção dos postulados liberais. Importa notarmos que o liberalismo preconizado por Tavares Bastos era tanto o econômico (liberdade de produção e de comércio) quanto o político (Estado reduzido, direitos civis e políticos, federalismo).

Em meados do século XIX, o Império brasileiro era uma estrutura política centralizada e unitarista, em que as províncias tinham pouca autonomia, e os municípios, nenhuma. Além disso, a sociedade era marcada pela escravidão, a política era limitada a poucos indivíduos, e a economia baseava-se na exportação de alguns poucos produtos, sem grande dinamismo.

Nesse quadro, para Tavares Bastos, o Estado brasileiro era herdeiro do Estado absolutista português; consequência disso seria o tamanho do Estado imperial – grande e pesado e, dessa forma, contrário às liberdades individuais, mais preocupado em manter-se do que em estimular ou apoiar as iniciativas individuais. A centralização política era outro resultado da herança absolutista, com o agravante de ser mais opressora ainda para as províncias. Contrário ao unitarismo imperial, o político defendia o federalismo, a fim de que as províncias e os municípios governassem com mais autonomia, advogando, dessa forma, a favor de uma monarquia federativa para o Brasil[1].

Um dos aspectos do federalismo que Tavares Bastos afirmava ideal era o *self-government*, tomando como referência as experiências de países anglo-saxões, como Inglaterra e Estados Unidos. É interessante observarmos que esse autor percebia na prática política – especialmente na realizada no *self-government* – um **caráter pedagógico**. E em que consistiria esse caráter pedagógico da política? A ideia é a

---

1 *Produzidas em meados do século XIX, as ideias de Tavares Bastos foram conhecidas por Visconde de Uruguai e vice-versa. Houve um debate entre eles, que foi apresentado no livro de Ferreira (1999),* Centralização e descentralização no Império.

de que se aprende a lidar com a política por meio da própria prática política; aprende-se a participar mediante participação. Nesse sentido, os cidadãos que participassem das diversas atividades ligadas à administração de seus municípios, como debates públicos, fiscalização dos atos dos governantes, eleições, ou júris populares, desenvolveriam aos poucos as habilidades necessárias à participação e à gestão públicas, em um verdadeiro círculo virtuoso.

No que tange ao coletivo, o autogoverno também apresenta aspectos pedagógicos, uma vez que, para o autor, a participação política desenvolve uma **cultura cívica** favorável ao debate e à troca de ideias, o que requer e estimula a tolerância e o respeito ao que é diferente ou discordante. Além disso, essa cultura cívica também enseja a preocupação com o que é comum a todos – um espírito verdadeiramente cívico. Essas ideias têm sido desenvolvidas nas últimas décadas em diversas correntes de teoria política, como as do *participacionismo* e do *deliberacionismo*.

No que se refere ao liberalismo econômico, Tavares Bastos defendia a **liberdade de navegação dos rios**, especialmente do Rio Amazonas, principalmente por colonos e exploradores estadunidenses, o que, em seu ponto de vista, permitiria o desenvolvimento da Região Norte e estimularia o comércio do Brasil com os Estados Unidos. Em sentido semelhante, advogava a **liberdade comercial**, que viabilizaria ganhos a todos os envolvidos e, de modo mais geral, também defendia a **livre iniciativa individual**.

Por fim, o político e jornalista era favorável à **separação entre Igreja e Estado**. Para o autor, tratava-se de um princípio doutrinário, integrante do liberalismo, que consagrava as liberdades de consciência e expressão: professar a fé católica era imposição a todos os cidadãos e uma condição para o exercício de funções públicas, uma vez que essa era a religião oficial do Império. Entretanto, de maneira mais concreta, como Tavares Bastos valorizava os anglo-saxões e até defendia sua imigração para o Brasil, as liberdades de consciência e de expressão decorrentes da separação entre igreja e Estado seriam elementos importantes para atrair e manter ingleses e estadunidenses no país.

(3.4)
JOAQUIM NABUCO

Joaquim Nabuco (1849-1910) é um dos nomes de maior destaque na política brasileira do período final do Segundo Império (1840-1889) e da época da abolição da escravidão. Era filho de José Tomás Nabuco de Araújo Filho (1813-1878), que foi ministro e senador do Império[2].

Bacharel em direito, desde o princípio esteve próximo à política. Desenvolveu carreira como jornalista e polemista e, a partir do fim da década de 1870, em várias ocasiões foi eleito deputado (1878-1880, 1885-1886, 1887-1888). Monarquista convicto, após a Proclamação da República, afastou-se da vida pública, mas, a convite de José Maria da Silva Paranhos Jr., o Barão do Rio Branco, foi embaixador do Brasil nos Estados Unidos entre 1901 e 1910.

De fato, sua grande bandeira política era a **abolição da escravidão**, tendo feito campanha contra esse sistema socioeconômico entre 1878 e 1888. Após o advento da Lei Áurea e a Proclamação da República, sua carreira careceu de foco. De qualquer maneira, a obra que o notabilizou tinha um forte caráter polêmico, ainda que fosse também uma interessante interpretação histórico-sociológica

---

2   A despeito disso, Alonso (2002) considera que Joaquim Nabuco integrava grupos políticos marginais no Império – no caso, ele seria marginal em razão da decadência econômica de Pernambuco, sua província natal. Essa marginalidade resultou na crítica que ele fez à base econômica do Império, isto é, à escravidão.

da realidade brasileira: trata-se do livro *O abolicionismo*, de 1883, em que critica a escravidão e aponta as inúmeras consequências negativas que ela acarretava ao país.

Considerando as categorias expostas no Capítulo 1, Seção 1.1.4, podemos classificar Joaquim Nabuco como um autor-ator, tendo em vista que suas reflexões estavam estreitamente ligadas à sua atividade política prática. Em razão disso e como, além de político, era jornalista, sua produção era autônoma.

A fama e a importância desse autor para o pensamento político brasileiro fundamentam-se em sua participação na **campanha abolicionista**, que dominou a política brasileira na década de 1880. O tema da abolição já estava na pauta pública desde a Independência nacional, em 1822, quando José Bonifácio apresentou projeto com esse fim, o qual não foi implementado. Nas décadas seguintes, tanto a escravidão quanto o tráfico de escravos foram tratados de maneira secundária na política brasileira, avançando apenas a partir de 1845, quando a Inglaterra, por meio da lei *Bill Aberdeen*, tornou ilegal, em nível internacional, o tráfico de escravos. Desde então, no Brasil, o tráfico foi proibido (mais uma vez) em 1850, por meio da Lei Eusébio de Queirós; em 1871, com a Lei do Ventre Livre (ou Lei Rio Branco), os filhos de escravos nascidos após a promulgação da lei seriam livres. O último passo seria a libertação de todos os escravos restantes: para isso, ocorreu uma intensa campanha que mobilizou toda a sociedade brasileira.

Até mesmo do ponto de vista econômico, a escravidão já se tornava onerosa para várias províncias, especialmente as do Norte e do Nordeste do país, regiões em que a economia era decadente e, sem produções alternativas viáveis, os escravos eram bastante caros. Por esse motivo, essas províncias aderiram à campanha abolicionista mais facilmente, como comprovam as abolições realizadas "precocemente" nas províncias do Ceará e do Amazonas, em 1884. Inversamente, as províncias do Sudeste (São Paulo, Rio de Janeiro) resistiram bem mais à abolição, em virtude do emprego intensivo do trabalho escravo na cafeicultura. Como afirma Alonso (2002), isso ajuda a entender o abolicionismo de Joaquim Nabuco, que, afinal de contas, era membro das elites políticas do Império, embora economicamente seu grupo de origem – de Pernambuco – fosse decadente.

No livro *O abolicionismo*, escrito na Inglaterra, em 1883, Joaquim Nabuco argumenta que a escravidão é um crime contra a humanidade e contra o ser humano. Além disso, o autor sustenta sua tese afirmando que a escravidão afeta e degrada não apenas o escravo, que perde a liberdade e a humanidade, mas também a sociedade em sua inteireza. Sem dúvida que o senhor de escravos é afetado, assim como o capataz e todos aqueles relacionados ao controle e à manutenção da escravaria, porém, os demais integrantes da sociedade também são atingidos, direta ou indiretamente, seja porque se tornam insensíveis à dor alheia, seja porque o preconceito de raça é estimulado, seja porque o trabalho braçal é desvalorizado moral e economicamente. Joaquim Nabuco enfatiza também que a sociabilidade é degradada, pois os hábitos senhoriais da violência e da exploração são legitimados e difundidos por toda a sociedade.

Nabuco era um liberal, mas seu liberalismo ligava-se mais à admiração que nutria pelas instituições inglesas do que a uma concepção ampla de liberalismo. Nesse contexto, ele era um defensor do

parlamentarismo. Após o sucesso da campanha abolicionista, que teve seu ápice na Lei Áurea, de 1888, o pernanbucano passou a ter uma atuação um pouco mais reservada.

Alonso (2009) esclarece que, com a Proclamação da República no fim de 1889, Joaquim Nabuco, durante a década de 1890, assumiu uma identidade militantemente monarquista, tecendo elogios ao Segundo Império e desaprovando a república, vista como sinal de decadência política. Tais manifestações foram registradas em artigos na imprensa, em um tom que pode ser percebido no livro *Um estadista do Império* (Nabuco, 1997), em que faz a biografia do pai e, paralelamente, apresenta a dinâmica política do Segundo Império. A monarquia caída seria objeto de respeito em razão do liberalismo político vigente e do sistema parlamentar então adotado – em que a rotatividade de partidos e a mediação do Imperador seriam motivo de admiração e inveja até mesmo na Inglaterra. Apesar desses elogios à monarquia e das críticas à república, Joaquim Nabuco defendia a implantação de um federalismo.

No início do século XX, Nabuco foi convidado para assumir a primeira embaixada brasileira no exterior, em Washington. Escreveu um relato autobiográfico, *Minha formação*, a respeito do qual Alonso (2009) sugere que referido pensador adotou, de maneira estratégica, uma narrativa em que sua atividade política durante o Império foi apresentada como secundária, afirmando seu caráter mais literário e sua vocação para servir o país. Entretanto, como ressalta Alonso (2009), é digno de nota que, após a crítica à escravidão feita na década de 1880, em seus demais livros – em que adota um tom mais saudosista para tratar de sua família e do Império – Joaquim Nabuco não faz referências ao tema nem aos vínculos entre monarquia e escravatura.

(3.5)
Rui Barbosa

Rui Barbosa (1849-1923) foi um dos mais importantes políticos brasileiros. Atuou como deputado geral no Império e, durante a República, como ministro da Fazenda e senador. Foi também representante do Brasil em conferências internacionais – em 1907, em Haia (nos Países Baixos), sua atuação granjeou-lhe a alcunha de *Águia de Haia* – e candidato a presidente da República, em 1910, em uma campanha que se celebrizou.

Durante sua juventude, no Segundo Império (1840-1889), Rui Barbosa desenvolveu carreira política posicionando-se **a favor do abolicionismo e contra o clericalismo** (combatendo a influência da Igreja Católica no Estado e nos assuntos públicos). De maneira um pouco tímida, também fez campanha pela república. Ainda assim, após a Proclamação em 1889, assumiu a pasta da Fazenda; em seguida, eleito senador, colaborou na redação da Constituição Federal de 1891.

Entretanto, vale salientarmos que seu anticlericalismo foi equívoco. Embora tenha combatido a Igreja Católica durante o Império, por ocasião da edição do decreto que estabeleceu a separação entre Igreja e Estado, consultou a opinião de bispos a esse respeito e, somente depois da promulgação é que lhe foi arrogada a autoria dessa norma (Decreto n. 119-A, de 7 de janeiro de 1890). Por esse motivo, houve atrito com colegas do governo provisório da República e, décadas mais tarde, em 1912, entrou em polêmica sobre o tema com Teixeira Mendes. Ademais, em suas campanhas eleitorais na década de 1910, negou sua ação anticlerical de juventude.

Sua obra escrita é simplesmente gigantesca. As obras completas, publicadas desde a década de 1940 pela Fundação Casa de Rui Barbosa, ainda não foram concluídas e já ultrapassam 140 volumes publicados. Diante desse panorama, a seleção de qualquer texto para comentar como representativo de seu pensamento político é, no mínimo, problemática. Isso se acentua quando consideramos que, no presente livro, adotamos o critério de indicar apenas uma obra de cada autor. Portanto, no caso de Rui Barbosa, modificamos esse procedimento, e indicamos a página *Civilismo* do portal eletrônico da Fundação Casa de Rui Barbosa (1997), que apresenta alguns estudos acadêmicos sobre o tema, além de indicar alguns volumes de discursos de Rui Barbosa nos anos de 1909 e 1910.

No Capítulo 2, ao apresentarmos a família teórica do Estado demiurgo, constatamos que vários autores criticavam o juridicismo e o formalismo muitas vezes ligado ao liberalismo no Brasil. Essas críticas eram claras nos casos de Alberto Torres e, principalmente, de Oliveira Viana (com a categoria *idealismo utópico*, fortemente negativa). Para os pensadores brasileiros que viveram e atuaram na primeira metade do século XX, o símbolo maior do liberalismo formalista e juridicista era, precisamente, Rui Barbosa, cujo estilo de expressão era pomposo, preciosista e legalista.

A despeito disso, sua atuação tem sido revista nas últimas décadas, seja em virtude da necessidade de valorização das tradições liberais, como o combate ao autoritarismo militar – caso de Lamounier (1988) –, seja devido à proposição de categorias analíticas neutras ou menos virulentas para análise do pensamento liberal brasileiro – caso de Gildo Marçal Brandão (2007).

Considerando as categorias expostas no Capítulo 1, Seção 1.1.4, torna-se claro que Rui Barbosa deve ser classificado como um autor-ator, pois combinava a todo instante suas reflexões teóricas e sua atuação prática. Sua produção foi autônoma, pois foi concebida de maneira desvinculada de instituições universitárias.

O primeiro aspecto do pensamento de Rui Barbosa, para nossos propósitos, é a **defesa do liberalismo**, entendido como o regime dos direitos individuais. Sua grande admiração pelos sistemas políticos da Inglaterra e dos Estados Unidos levou-o a inspirar-se fortemente no federalismo estadunidense para modelar o brasileiro no momento em que se redigia a Constituição Federal de 1891: larga autonomia dos estados, estreita atuação do governo central.

No que se refere aos temas especificamente brasileiros, Rui Barbosa começou sua carreira criticando a escravidão, defendendo a separação entre Igreja e Estado, bem como afirmando o **primado da lei** como padrão de relacionamento e de conduta, em detrimento do primado da força. Nesse contexto, propunha relações mais equilibradas entre os estados da federação. Essa ideia exposta em sua atuação como embaixador em Haia, em 1907, quando sustentou que as grandes potências não podiam ser imperialistas nem desrespeitar os demais países. Incidentalmente, é interessante ressaltarmos que, nessa ocasião, Rui Barbosa afirmou a concepção de que o Brasil era uma potência média, caracterizada por certas fragilidades próprias aos pequenos países, mas com elementos específicos de grandes potências (como o tamanho do território e da população), portanto, o Brasil deveria ser internacionalmente respeitado e, consequentemente, ouvido (Lafer, 2001).

Outro efeito do primado da lei na política interna era a defesa de uma **política civilista**. Essa concepção foi apoiada por Rui Barbosa entre 1909 e 1910, quando realizou campanha pela Presidência da

República, enfrentando Marechal Hermes da Fonseca (que, por sinal, era sobrinho do primeiro presidente da República, Marechal Deodoro da Fonseca). Na perspectiva de Rui Barbosa, a eventual eleição de Hermes da Fonseca acarretaria a militarização da presidência e, com isso, o poder político basear-se-ia não mais no direito e na lei, mas na força das armas – em outras palavras, Rui Barbosa temia que se instalasse no Brasil o caudilhismo.

A campanha civilista ganhou notoriedade pelo menos por três motivos:

1. Uma vez que foi sua campanha contou com certo debate de ideias e de propostas, houve a defesa programática do primado da lei contra o primado da força.
2. Ainda que Rui Barbosa fosse um integrante de pleno direito das oligarquias governantes na Primeira República (1889-1930), sua campanha foi um desafio à ordem vigente no período.
3. O civilismo constituiu-se de fato em uma campanha eleitoral, na qual Rui Barbosa percorreu vários Estados fazendo discursos e procurando convencer os eleitores a respeito de suas perspectivas.

Considerando o padrão de eleições e campanhas restritas a pequenos grupos das elites, a campanha popular de Rui Barbosa foi uma importante e notável exceção.

(3.6)
RAIMUNDO FAORO

A obra do gaúcho Raimundo Faoro é uma das mais importantes do pensamento político brasileiro e seu livro mais famoso, *Os donos do poder* (escrito em 1958, mas lançado em segunda edição extremamente ampliada em 1974), é um clássico da sociologia política do

Brasil, referência obrigatória no que se refere às relações entre Estado e sociedade no país.

Raimundo Faoro (1925-2003) teve importante atuação política e intelectual: como advogado e presidente nacional da Ordem dos Advogados do Brasil (OAB) entre 1977 e 1979, defendeu a Lei da Anistia e a abertura política no fim da década de 1970; como intelectual, escreveu diversos livros e artigos sobre história e política brasileira e foi articulista para várias revistas semanais de circulação nacional, como *Senhor*, *Isto É* e *Carta Capital*.

Sua carreira pode ser entendida como a de um autor-ator, mas sua produção tem caráter acadêmico, na medida em que suas obras mais importantes foram elaboradas no âmbito universitário e em discussão direta com pesquisadores desse meio. Era membro, por exemplo, do Instituto de Estudos Avançados da Universidade de São Paulo (USP).

Incluir Raimundo Faoro na família teórica da sociedade estruturada ocorreu por implicação, ou seja, mais indiretamente do que diretamente, uma vez que, em sua reflexão teórica, a caracterização crítica do Estado brasileiro, sem dúvida alguma, ocupa mais relevo.

Para Raimundo Faoro, o Estado brasileiro apresenta alguns traços importantes que perduram historicamente: por um lado, o patrimonialismo, por outro, a existência do estamento burocrático. É claro que um e outro estão intimamente relacionados. O **patrimonialismo** consiste na gestão dos bens públicos como se fossem privados ou até como se fossem domésticos. Em monarquias absolutas, essa forma de proceder é até natural, pois o monarca entende que o reino inteiro é sua propriedade. Nas sociedades contemporâneas, em que se busca a separação do que é público e do que é privado e nas quais a gestão pública deve ser realizada às claras, o patrimonialismo é visto como uma prática imoral e ilegal, quando não corrupta.

Faoro considerava que o Estado brasileiro é herdeiro do Estado português. Ora, o Estado português desenvolveu-se precocemente: no fim do século XIV já era um Estado moderno, com o controle unificado de seu território. A monarquia portuguesa transformou-se aos poucos, seguindo o movimento histórico da Europa, em monarquia absoluta e daí estabeleceu-se a confusão entre o público e o privado.

Outra consequência da precoce consolidação do Estado em Portugal foi o surgimento e o desenvolvimento de uma burocracia estatal eficiente, composta tanto pela nobreza de armas quanto pela nobreza de toga – isto é, por nobres originários dos chefes militares e por burgueses enobrecidos pela graça real. Essa burocracia, ao mesmo tempo que atuava no sentido de satisfazer as necessidades do reino, o que incluía a expansão marítima e a administração do grande império português, que possuía grandes territórios na América, na África e na Ásia, também agia para perpetuar-se com autonomia.

Faoro acreditava que esses burocratas se viam como um instrumento do Estado e um fim em si mesmos, transformando-se em um **estamento burocrático**, ou seja, uma camada social dedicada aos seus interesses e à sua perpetuação. Sinal do poder do estamento burocrático foi o fato de que o capitalismo português, em vez de direcionado para fins econômicos (enriquecimento da burguesia ou da aristocracia aburguesada, como na Inglaterra), era claramente mercantil, direcionado a fins políticos (isto é, à manutenção do estamento burocrático).

De acordo com a narrativa de Faoro, no início do século XIX, o Estado português atravessou o Oceano Atlântico e instalou-se no Brasil: esse foi um dos principais resultados da vinda da família real em 1808, no curso das chamadas guerras napoleônicas. Nem com o posterior retorno de Dom João VI a Portugal, em 1821, alterou-se o comportamento da burocracia; pelo contrário, o Estado brasileiro seguiu e, no fundo, aprofundou a dinâmica do estamento burocrático vindo de ultramar.

Além de o estamento burocrático não valorizar a eficiência no provimento de serviços públicos, um Estado grande é importante para satisfazer as ambições do estamento e, finalmente, ele tem de ser financiado (mediante impostos ou de outras fontes de recursos). O resultado dessa combinação é um Estado inchado, despreocupado com o bem-estar da população e da nação de forma geral. Em verdade, esse Estado preocupa-se, em primeiro lugar, com a manutenção da dominação, seja pacificamente, com o emprego da ação do elemento civil da burocracia, seja violentamente, pela força dos militares.

Raimundo Faoro considerava que o estamento burocrático se mantém apartado claramente da sociedade brasileira, como duas realidades que pouco ou nada se relacionam, o que dá lugar a um estamento bastante permeável às novidades, especialmente às estrangeiras. Essa porosidade deve-se tanto a uma recusa do que é nacional (e a um somente pelo que é estrangeiro) quanto a uma abertura específica para o que é novo ou mais moderno[3].

---

3   A abertura do estamento burocrático para o que é moderno permite uma observação um pouco ambígua de Faoro: o Estado moderniza-se e implementa algumas medidas modernizantes ao conjunto do país; todavia, por mais que possam ser benéficas, essas "evoluções" tendem a apenas reforçar e manter a dominação exercida pelo estamento.

A despeito da radical separação entre sociedade e estamento burocrático, Faoro julgava que este último não é absoluto, pois mantém certa abertura para os talentos das várias classes sociais, a fim de cooptá-los (e, assim, neutralizar eventuais oposições) ou de garantir sua perpetuação (em termos técnicos, políticos e econômicos). Essa estrutura estatal – que Raimundo Faoro definiu em 1958 e cuja descrição foi ampliada em 1974 – está longe de ser ideal, republicana ou democrática. Ademais, como há a cobrança de impostos, com vistas principalmente a sua autoperpetuação, onera e age como um peso sobre a sociedade, e não oferece serviços de qualidade em contrapartida. A solução, evidentemente, é proceder a uma reforma do Estado, com o propósito de democratizá-lo, transformá-lo de fato em provedor de serviços e permitir a participação popular em sua estruturação e fiscalização.

Como observamos, há na crítica que Faoro faz ao estamento burocrático e a suas práticas patrimoniais também uma **defesa do liberalismo**, este entendido em sua relação com as liberdades individuais e coletivas, a limitação e fiscalização do Estado e a autonomia da sociedade civil. Entretanto, as críticas de Faoro ao estamento burocrático, ao patrimonialismo e, mais amplamente, à estrutura estatal como um grande órgão que abafa a sociedade determinam sua classificação como integrante da família teórica da sociedade estruturada mais pela via (negativa) da crítica do Estado sufocante do que pela via (positiva) da afirmação da sociedade civil. Assim, no que se refere a um eventual apoio ao neoliberalismo, Ricupero (2007a) lembra que, na década de 1990, Faoro criticou as reformas neoliberais então em curso, entendendo-as como uma estratégia adotada pelo estamento burocrático para manter sua dominação.

(3.7)
Florestan Fernandes

O sociólogo paulista Florestan Fernandes (1920-1995), sem dúvida alguma é um dos principais nomes das ciências sociais no Brasil e, em certo sentido, é o patrono da Sociologia da USP. De família pobre, trabalhou intensamente durante a infância e a adolescência ao mesmo tempo que estudava. Ingressou no curso de Ciências Sociais da USP em 1941 e, a partir daí, iniciou uma brilhante carreira intelectual em que formou inúmeras gerações de pesquisadores, lecionando não apenas na USP, mas também em diversas universidades estrangeiras, como Columbia e Yale, nos Estados Unidos[4].

Sua produção é basicamente acadêmica, voltada para preocupações especificamente universitárias. Mesmo sendo um pensador à esquerda, manteve-se com um perfil pouco engajado até o fim da década de 1960, quando protestou contra as perseguições políticas ocorridas na USP e, por isso, foi aposentado compulsoriamente. Florestan Fernandes, assumiu, então, uma posição mais militante,

---

4 *Seja em razão da importância intelectual e institucional, seja em virtude de sua particular biografia – especialmente se considerarmos a origem social dos demais pensadores abordados nesta obra, em sua maioria de classe média ou alta –, as carreiras pessoal e profissional de Florestan Fernandes merecem várias investigações sociológicas. E foi precisamente esse o objetivo de Garcia (2002), no livro* Destino ímpar. *É curioso notar que a USP abrigou pelo menos mais de um intelectual cujas origens eram marcadamente humildes – o mesmo pode ser dito de José de Souza Martins, que durante a infância trabalhou no chão de fábrica e fez seus estudos superiores em cursos noturnos (Martins, 2013).*

escrevendo diversos livros e artigos sobre temas como teoria socialista, revolução social, autoritarismo. Aliás, é dessa fase o livro *A revolução burguesa no Brasil*, de 1975. Em 1980, foi um dos fundadores do Partido dos Trabalhadores (PT), pelo qual foi eleito deputado federal em 1987, função que ocupou em sucessivos mandatos até seu falecimento, em 1995. É digno de nota que ele integrou a Assembleia Nacional Constituinte, que redigiu a Constituição Federal de 1988.

De acordo com as categorias que expusemos no Capítulo 1, Seção 1.1.4, considerando sua produção intelectual elaborada a partir dos anos 1970, podemos classificar Florestan Fernandes como um autor-ator, e sua produção como acadêmica.

Vale lembrarmos que a referência a uma produção acadêmica é devida, precisamente, à obra de Fernandes, que consagrou a ideia de que a cientificidade de uma reflexão – e daí sua validade – liga-se de maneira estreita ao pertencimento a uma instituição universitária. Em certo sentido, essa forma de pensar foi importante para a valorização das universidades no Brasil que, nos anos 1940 e 1950, estavam firmando-se; igualmente foi um impulso para desenvolver e estimular as pesquisas sociológicas em bases explicitamente científicas e profissionais, deixando de lado um diletantismo e um juridicismo que ainda se difundiam nas incipientes ciências sociais do Brasil.

Todavia, essa estratégia apresentou o forte inconveniente de desvalorizar toda a intensa reflexão política e social produzida no país antes de meados do século XX – ou, no limite, antes das obras de Gilberto Freyre, Sérgio Buarque de Holanda e Caio Prado Júnior, eleitos em 1967, por Antônio Cândido como os precursores por excelência da análise sociocientífica no Brasil (Cândido, 2004), e da fundação da USP, em 1934.

Nesse sentido, a rica reflexão elaborada antes de Florestan Fernandes e da fundação da USP recebe a duvidosa denominação de *ensaística*, o que equivale a um pré-cientificismo, pouco rigoroso e, portanto, inválido. No fim das contas, é como se as reflexões sociais e políticas no Brasil tivessem surgido de repente, já em meados do século XX – o que é anti-histórico e, afinal, injusto.

Quais eram as concepções de Florestan Fernandes? Para ele, a história brasileira deveria ser entendida de maneira integrada à história mundial. Desde o seu surgimento, o Brasil integra movimentos internacionais econômicos, políticos e sociais, e não é possível entender o que acontece aqui sem referências ao que acontece em outros lugares. Por outro lado, a análise é feita levando em consideração o papel desempenhado na política pelas diversas classes sociais[5]. Além disso, a exposição feita por Florestan Fernandes caracteriza-se pelo jogo constante e permanente de tensões, oposições e contradições entre os grupos sociais, seus interesses e suas ações: brasileiros e portugueses; setores econômicos voltados para produção externa e para produção interna; latifundiários e os cafeicultores; campo e cidade; burguesia e oligarquias; elites e povo.

Para Florestan Fernandes, a Independência do Brasil, em 1822, foi uma revolução nacional, com a vitória da burguesia interna e nacional sobre os estrangeiros que aqui residiam – em particular os portugueses. A burguesia vitoriosa precisava de instituições para estruturar e manter sua dominação, assim como a fonte de sua riqueza – daí a organização do Estado nacional brasileiro, criado para satisfazer as necessidades específicas dessa burguesia. Até mesmo

---

5   *Como aponta Lahuerta (2001), nesse sentido, Florestan Fernandes segue a orientação geral da Sociologia da USP, que, especialmente após o fim dos anos 1960, deixou de lado considerações de ordem nacional – vistas como burguesas e alienantes – para concentrar-se em análises classistas.*

o patrimonialismo é visto por Florestan Fernandes sob uma ótica classista, como um traço senhorial das elites brasileiras, que não concordam que o Estado é um órgão a serviço da coletividade (e, nesse caso, voltado para a melhoria das condições dos mais pobres), mas um instrumento da dominação.

A burguesia, porém, ficou em uma situação contraditória em razão da presença constitutiva da escravidão na sociedade brasileira. Por um lado, sua atuação orientava para o desenvolvimento do mercado interno, que caminhava em direção às autonomias política e econômica do país em relação ao capitalismo internacional. Por outro lado, os elementos ligados à escravidão vinculavam-se ao mercado internacional, ou seja, conduziam o país no sentido de manter a dependência externa. Tal situação contraditória foi amenizada mediante uma acomodação política e social, em que o país assumiu uma posição dependente, nem totalmente moderno (capitalista) nem totalmente arcaico (colonial) e, consequentemente, moderno e arcaico ao mesmo tempo.

Considerando a atuação das elites e do Estado brasileiro em relação ao povo, a avaliação de Florestan Fernandes é de que eles travam o desenvolvimento popular, seja em termos materiais, seja em termos políticos. De modo mais específico, **as elites impedem o desenvolvimento de uma verdadeira cultura cívica popular**, em que o povo pudesse exercer a atividade política, participar dos debates públicos, tomar decisões e ser responsabilizado pelas consequências de seus atos. Portanto, o povo permanece infantilizado pelas elites, sendo por elas tutelado. Na perspectiva de Florestan Fernandes, a solução para esse problema seria a **participação popular nos debates públicos** e **na tomada de decisões coletivas**, a **responsabilização pelos atos e a limitação da ação das elites**.

O pensamento político de Florestan Fernandes inspira-se no **marxismo**, o que patenteia sua distância do liberalismo. Como afirmamos, a inserção do autor na família teórica da sociedade estruturada é mais motivada por sua crítica ao Estado, visto como um impedimento ao desenvolvimento da sociedade, do povo, do que pela adesão ao liberalismo. De fato, como explicado no início deste capítulo, a família teórica da sociedade estruturada aproxima-se do liberalismo, constituída por autores que são claramente liberais (ainda que de diferentes maneiras ou estirpes), a exemplo de Tavares Bastos, Joaquim Nabuco e Rui Barbosa. Se considerarmos que a adesão maior ou menor ao liberalismo não é um elemento obrigatório da família teórica da sociedade estruturada, é perfeitamente possível incluirmos nela autores qye têm outras perspectivas políticas, como Florestan Fernandes.

(3.8)
Simon Schwartzman

O sociólogo Simon Schwartzman (1939-) tem estudado inúmeros temas durante sua carreira. Nos anos 1960 e 1970, dedicou-se a questões mais tradicionais da sociologia, como a estrutura de classes do Brasil e a relação entre a sociedade brasileira e o regime autoritário instalado em 1964. A partir dos anos 1980, passou a pesquisar as condições sociais e institucionais das pesquisas científicas no Brasil e da educação nacional – e participa dos debates públicos ainda hoje. Foi professor de diversas universidades brasileiras, como USP, Universidade Federal de Minas Gerais (UFMG) e Fundação Getulio Vargas (FGV). Além disso, entre 1994 e 1998 foi presidente do Instituto Brasileiro de Geografia e Estatística (IBGE).

Conforme a classificação exposta no Capítulo 1, Seção 1.1.4, e a despeito de sua passagem pelo IBGE e da sua participação nos debates públicos, Schwartzman é, antes de tudo, um pesquisador **acadêmico**, vinculado a instituições profissionais de pesquisa. Dessa forma, ele deve ser classificado apenas como autor.

Para o pensamento político brasileiro, a obra que nos interessa é *Bases do autoritarismo brasileiro*, reedição lançada em 1982 com novo título – originalmente, o livro de 1975 recebeu o título *São Paulo e o Estado nacional*.

A análise de Schwartzman é um bom exemplo de sociologia política ou até de sociologia *da* política. Conforme a definição clássica de Giovanni Sartori (1972), a sociologia da política é um esforço para explicar as instituições políticas a partir da estrutura social, consistindo em uma análise sociológica da política. A sociologia política, por sua vez, é um híbrido intelectual que combina as variáveis sociais e político-institucionais para explicar tanto a estrutura da sociedade quanto as instituições políticas.

Para Schwartzman, a dominação política no Brasil é concentrada nas mãos de alguns polos regionais bastante marcados: estados do Nordeste, bem como Minas Gerais, Rio de Janeiro e Rio Grande do Sul são caracterizados por uma economia tradicional, intensiva em trabalho, mas pouco geradoras de capital e não muito eficientes. A política desenvolvida por esses grupos é tradicional, o que significa que consiste no

André Müller

apadrinhamento, no mandonismo. Assim, não há competição entre as elites, ou melhor, não há competição regulada, formal e pacífica entre esses grupos, organizados com base em valores, ideias e interesses (de ideologias[6]) em comum – a competição política, aqui, baseia-se na violência que os diferentes grupos mantêm entre si. A burocracia pública é mantida com vistas à perpetuação da dominação desses grupos; a seleção dessa burocracia obedece eventualmente a critérios de mérito e de capacitação técnica, porém, o mais das vezes, corresponde a indicações de apadrinhados políticos. Tanto no que se refere à composição das elites quanto no que concerne à composição da burocracia pública, as cooptações são práticas habituais, ou seja, o oferecimento de cargos e posições com o objetivo de obter a adesão dos indivíduos beneficiados aos grupos e arranjos que os beneficiem. Em suma, a política tradicional visa apenas à manutenção das elites dominantes no poder, sem preocupações com o desenvolvimento da nação.

Em contraposição à política tradicional, Schwartzman apresenta uma política moderna, caracterizada pela competição regular entre os grupos políticos pelo controle do Estado. Essa competição é formal e pacífica, incluindo entre os grupos competidores não somente as elites (isto é, as parcelas integrantes do topo da estrutura social), mas também os estratos sociais médios e inferiores. Como mobiliza

---

6   *O conceito de* ideologia *é um dos mais polissêmicos e, por isso, mais problemáticos nas ciências sociais, podendo abranger apenas visões de mundo em geral, programas partidários, "concepções falsas da realidade" e visões de mundo defendidas pelas classes sociais. Não vem ao caso entrarmos nesse debate. Para nossos propósitos, entendemos* ideologia *em um sentido bastante geral, equivalente a programa partidário. Para uma discussão sociológica desse conceito, consulte Thompson (1995).*

valores, interesses e ideias, a competição assume um caráter mais abstrato e organiza-se em partidos políticos, os quais, por sua vez, são as estruturas que compõem os governos e também os intermediários entre o Estado e a sociedade para a canalização dos interesses sociais. Finalmente, ainda que a burocracia tenha seus cargos superiores indicados politicamente pelos partidos políticos, os escalões médios e inferiores são preenchidos com base em critérios técnicos e meritocráticos.

Na avaliação de Schwartzman, essa política moderna é incentivada por grupos sociais ligados a uma economia capitalista dinâmica, intensivos em capital e mais eficientes. No Brasil, São Paulo representa tanto essa economia quanto a política moderna. No entanto, esse estado está excluído dos arranjos governativos do país e, por isso e de modo mais importante, seu estilo político não pode ser difundido e generalizado.

No que se refere ao autoritarismo brasileiro, em particular o implantado a partir de 1964, Schwartzman acredita que não foi decorrente de lutas de classes, mas de hábitos e de ideias políticas. Em outras palavras, foi o resultado do choque entre os estilos políticos opostos, o tradicional e o moderno, em que este fora sacrificado. Para o pensador, a solução para esses problemas consiste na generalização da política moderna, abstrata, competitiva e representativa. A condição para isso é o fortalecimento dos polos sociopolíticos da política moderna: São Paulo e Sul do país. Da mesma maneira, é necessária uma política de modernização do Estado, com o estabelecimento da meritocracia, a limitação das indicações políticas, o fortalecimento dos partidos políticos, e assim por diante.

Dito isso, Schwartzman (2007) observa que a impressão que se tinha era de que, a partir de 1995, com as eleições para presidente da República de Fernando Henrique Cardoso e, em seguida, de Luís Inácio Lula da Silva, São Paulo tinha chegado (ou voltado) ao poder no Brasil; isso revelava também a assunção de partidos políticos modernos, justamente dois partidos nascidos no estado – respectivamente, o Partido da Social Democracia Brasileira (PSDB) e o PT. Entretanto, na mesma obra, o autor observa que, a despeito dessa vitória dos paulistas e de alguns esforços no sentido de modernizar o Estado brasileiro, o estilo moderno de política não logrou se generalizar; ao contrário, a política tradicional manteve-se e deu fôlego curto à modernidade[7].

(3.9)
IDEIAS DE AUTORES DO MODELO DA SOCIEDADE ESTRUTURADA

No Quadro 3.1, apresentamos as ideias dos autores que classificamos no modelo da sociedade estruturada, indicando suas concepções sobre o Estado e a sociedade, os objetivos buscados e as propostas efetivamente elaboradas.

---

7 Lamounier (2009), concordando com o diagnóstico de Schwartzman de que o influxo da dinâmica sociopolítica de São Paulo foi insuficiente para modificar os hábitos políticos nacionais, observa que a análise dos constrangimentos que o patrimonialismo e as práticas políticas tradicionais impõem é obrigatória para a compreensão de nossa vida política.

Quadro 3.1 – Comparação entre os autores do modelo da sociedade estruturada

Autor	Concepção sobre o Estado	Concepção sobre a sociedade	Objetivos buscados	Solução proposta
Tavares Bastos	• Estado brasileiro oriundo diretamente do Estado português. • Unitário. • Opressor em termos políticos e econômicos.	• Estruturada. • Fundamentalmente oprimida e explorada pelo Estado. • Jornais, partidos e clubes políticos e igrejas como órgãos da opinião pública.	• Sociedade e Estado liberais.	• Implantação do federalismo. • Redução do tamanho do Estado (liberalismo político). • Abertura comercial (liberalismo econômico). • Abertura dos rios para navegação por estrangeiros.
Joaquim Nabuco	• Monarquia baseada na escravidão. • Órgão de manutenção da exploração dos negros e da sociabilidade degradada. • Parlamentarismo liberal e progressista.	• Estruturada. • Interesses organizados e representados nos partidos políticos. • Sociabilidade degradada pela escravidão: preconceito racial, desprezo pelo trabalho manual.	• Fim da exploração dos escravos. • Integração social dos escravos. • Fim do racismo.	• Abolição da escravatura. • Criação de condições para a integração de ex-escravos.

(continua)

(Quadro 3.1 – continuação)

Autor	Concepção sobre o Estado	Concepção sobre a sociedade	Objetivos buscados	Solução proposta
Rui Barbosa	• Órgão de regulação da sociedade. • Baseado no primado da lei.	• Estruturada. • Jornais, partidos e clubes políticos e igrejas como órgãos da opinião pública. • Unidades da federação dominadas por oligarquias.	• Sociedade e Estado liberais.	• Governos civis em vez de militares. • Primado da lei. • Prevalência do direito, e não das relações de força.
Raimundo Faoro	• Estado brasileiro oriundo diretamente do Estado português. • Estado capturado pela burocracia, que se transforma em estamento burocrático. • Estamento burocrático como estrutura opressora e exploradora.	• Estruturada. • Fundamentalmente oprimida e explorada pelo estamento burocrático. • Marcada por injustiças e desigualdades sociais.	• Liberalização e democratização do Estado. • Combate às desigualdades sociais. • Forte pessimismo político.	• Não tinha propostas específicas; sua obra é mais de crítica e denúncia do estamento burocrático. • Reforma do Estado, voltado para a liberalização e a democratização. • Reformas sociais.

(Quadro 3.1 – conclusão)

Autor	Concepção sobre o Estado	Concepção sobre a sociedade	Objetivos buscados	Solução proposta
Florestan Fernandes	• Órgão de classe: basicamente da burguesia. • Objetiva garantir e manter a dominação de classe sobre a sociedade.	• Estruturada. • Caracterizada pela divisão em classes. • Classes baixas (proletariado) exploradas pelas classes altas (burguesia). • Marcada por injustiças e desigualdades sociais.	• Fim da exploração econômica. • Fim da dominação política.	• Revolução popular. • Ação organizada dos setores populares (urbanos e rurais), bem como da classe média progressista e dos intelectuais. • Múltiplas reformas: agrária, política, educacional, econômica etc.
Simon Schwartzman	• Em nível nacional, dominado pela política tradicional. • No Sul do país (incluindo principalmente São Paulo), caracterizado por uma política moderna.	• Estruturada. • Cooptada pela política tradicional nos Estados em que vigora esse estilo político. • Organizada nos Estados em que vigora esse estilo político.	• Modernização da política. • Modernização da economia. • Constituição de uma sociedade moderna, estruturada e liberal.	• Vitória política de São Paulo em nível nacional como pré-condição para o espraiamento nacional da política de tipo moderno. • Após governos FHC e Lula: a política moderna não suplantou a política tradicional, mesmo com a vitória política de São Paulo.

Para saber mais

Como não é difícil imaginar, a literatura a respeito do liberalismo é enorme e crescente. Assim, para os interessados, limitamo-nos aqui a sugerir apenas a exposição geral feita por Richard Bellamy, em sua obra de 1994:

> BELLAMY, R. **Liberalismo e sociedade moderna**. Tradução de Magda Lopes. São Paulo: Ed. da Unesp, 1994.

Uma das melhores discussões sobre o conceito de *mandonismo*, em contraposição ao coronelismo e ao clientelismo, é a realizada por José Murilo de Carvalho no artigo intitulado "Mandonismo, coronelismo, clientelismo: uma discussão conceitual". Para esse autor, o mandonismo é a prática política que consiste em um chefe mandar em seus subordinados, apelando regularmente à violência para que obedeçam a suas ordens.

> CARVALHO, J. M. de. Mandonismo, coronelismo, clientelismo: uma discussão conceitual. **Dados**, Rio de Janeiro, v. 40, n. 2, p. 0011-5258, 1997. Disponível em: <https://pt.scribd.com/doc/147948341/jose-murilo-de-carvalho-mandonismo-coronelismo-clientelismo-pdf>. Acesso em: 23 abr. 2017.

A respeito dos debates ocorridos nos Estados Unidos no século XVIII, entre as propostas federalistas, confederalistas e unitaristas, James West Davidson apresenta um relato histórico bastante interessante e de caráter estritamente didático.

> DAVIDSON, J. W. **Uma breve história dos Estados Unidos**. 2. ed. Tradução de Janaína Marcoantonio. Porto Alegre: L&PM, 2016.

Há duas exposições teóricas sobre os conceitos de *federalismo e confederalismo*, bem como sobre as oposições presidencialismo-parlamentarismo, monarquia-república etc. Confira as obras a seguir indicadas:

> FIGUEIREDO, A. C.; FIGUEIREDO, M. **O plebiscito e as formas de governo.** São Paulo: Brasiliense, 1993.
>
> LACERDA, G. B. de. **Introdução à sociologia política.** Curitiba: InterSaberes, 2016.

Sobre a história do liberalismo na França entre os séculos XVIII e XIX, consulte a obra de André Jardin, de 1998:

> JARDIN, A. **Historia del liberalismo político:** de la crisis del absolutismo a la Constitución de 1875. Ciudad de México: Fondo de Cultura Económica, 1998 em espanhol.

No que se refere aos debates contemporâneos sobre a chamada *democracia direta* e, em particular, sobre participacionismo e deliberacionismo, uma exposição útil é a presente no livro de David Held:

> HELD, D. **Modelos de democracia.** Tradução de Alexandre Sobreira Martins. Belo Horizonte: Paideia, 1987.

Sobre a problemática atuação de Rui Barbosa no episódio da lei da separação entre Igreja e Estado, consulte as indicações a seguir:

> LACERDA, G. B. de. **Laicidade na I República brasileira:** os positivistas ortodoxos. Curitiba: Appris, 2016.

MENDES, R. T. **Ainda a verdade histórica acerca da instituição da liberdade espiritual no Brasil, bem como do conjunto da organização republicana federal**: a propósito das afirmações do Senador Rui Barbosa, a esse respeito, no discurso proferido, no Senado Federal, a 20 de novembro de 1912. Série da Igreja Positivista do Brasil, n. 343. Rio de Janeiro: Igreja Positivista do Brasil, 1912.

A respeito da vida e das ideias de Tavares Bastos, Evaristo de Morais Filho faz uma exposição bastante proveitosa:

MORAIS FILHO, E. de. **As idéias fundamentais de Tavares Bastos**. 2. ed. Rio de Janeiro: Topbooks, 2001.

Confira o interessante artigo de Simon Schwartzman sobre as ideias de Raymundo Faoro:

SCHWARTZMAN, S. Atualidade de Raymundo Faoro. **Dados**, Rio de Janeiro, v. 46, n. 2, p. 207-213, 2003. Disponível em: <http://www.scielo.br/pdf/dados/v46n2/a01v46n2.pdf>. Acesso em: 9 maio 2017.

Álvaro de Vita, em sua obra de 2008, aborda a perspectiva de John Rawls e as críticas que ela tem recebido.

VITA, A. de. **O liberalismo igualitário**: sociedade democrática e justiça internacional. São Paulo: M. Fontes, 2008.

Síntese

O modelo da sociedade estruturada concebe a sociedade brasileira como dinâmica e capaz de se organizar de forma autônoma. Essa organização consiste na instituição de associações dos mais variados tipos, com vistas à afirmação e à representação de interesses e de valores. O modelo, além disso, considera que o Estado com frequência (para não dizer sempre) atua de tal maneira que dificulta a representação social mediante: repressão política e da censura, que impõem limites e dificuldades à organização e à expressão; pesada tributação, que exaure os recursos e a riqueza produzida na sociedade; corrupção e cooptação. Nesses termos, o modelo se aproxima do liberalismo.

Outra característica da família teórica da sociedade estruturada é a proximidade com o federalismo, definido como a ampla autonomia concedida às unidades subnacionais de governo; em outras palavras, o governo central é limitado e os governos estaduais podem dispor de maior independência. No caso do Brasil, o federalismo estende-se até os municípios.

Apresentamos vários autores como integrantes da família teórica da sociedade estruturada: Tavares Bastos, Joaquim Nabuco, Rui Barbosa, Raimundo Faoro, Florestan Fernandes e Simon Schwartzman. Todos eles afirmam a capacidade autônoma da sociedade brasileira de organizar-se, bem como sua vitalidade; além disso, consideram que o Estado é um obstáculo para a organização e a expressão social. Todavia, nem todos aderem ao liberalismo, como Raimundo Faoro, que tem uma visão bastante negativa da política brasileira: para ele, por mais que se modifique, o Estado sempre dificultará a estrutura da sociedade. Também é o caso de Florestan Fernandes, que desejava a expressão da sociedade e a reforma do Estado, mas para estruturar o socialismo no país, não o liberalismo.

Gustavo Biscaia de Lacerda

Questões para revisão

1. A respeito da ideia de *sociedade estruturada*, que está na base da família teórica que recebe o mesmo nome, assinale a alternativa correta:
   a) O Estado é indiferente ou favorável à sociedade.
   b) Os interesses e os valores não são agrupados em associações públicas.
   c) Um dos elementos da família teórica consiste em considerar que o Estado impede a manifestação da sociedade.
   d) A existência da Estado forte é um dos resultados e dos fundamentos da sociedade estruturada.
   e) A opressão política e a exploração econômico-fiscal não são impeditivas da realização da sociedade estruturada.

2. Sobre o liberalismo, assinale a alternativa correta:
   a) O liberalismo advoga o controle da ação dos indivíduos.
   b) Embora não exista apenas um único tipo de liberalismo, não faz sentido distinguir o liberalismo econômico do político.
   c) O grande autor do liberalismo clássico é Nicolau Maquiavel.
   d) A família teórica do Estado demiurgo se assemelha ao liberalismo.
   e) É possível um país adotar o liberalismo econômico, sem aplicar o liberalismo o político.

3. No que se refere ao federalismo político, assinale a alternativa correta:
   a) O federalismo é complementar ao unitarismo político.
   b) No federalismo, o Estado central controla a política, a economia e a administração das unidades subnacionais.

c) A falta de autonomia política de estados e dos municípios é um dos traços do federalismo.

d) As ideias de federalização e de descentralização política têm o mesmo significado.

e) O federalismo admite diferentes graus, que vão do compartilhamento de responsabilidades até uma quase independência das unidades subnacionais.

4. É correto afirmar que Tavares Bastos:
   a) foi um jornalista e escritor do século XVIII.
   b) considerava que a origem dos problemas do Brasil está no passado colonial e português.
   c) julgava que a solução para os problemas do Brasil consiste em adotar o protecionismo econômico.
   d) defendia que a abertura dos rios para navegação por outros países seria uma fonte de problemas para o Brasil.
   e) combatia tanto o liberalismo político quanto o liberalismo econômico.

5. É correto afirmar que Joaquim Nabuco:
   a) considerava a escravidão uma chaga que contaminava toda a sociedade brasileira.
   b) ao criticar a escravidão durante a campanha abolicionista, hesitou em indicar a conexão entre monarquia e escravatura.
   c) em suas diversas obras políticas e sociais, manteve sempre o mesmo tom crítico.
   d) foi defensor do Estado demiurgo, embora tenha combatido a escravidão.
   e) após a abolição da escravatura e a Proclamação da República, tornou-se ardoroso defensor do regime republicano.

6. Sobre Rui Barbosa, assinale a alternativa correta:
   a) A seu nome associa-se com frequência a ideia de juridicismo e de formalismo.
   b) Sua obra completa foi publicada há bastante tempo.
   c) A campanha civilista foi um marco na política brasileira ao afirmar a necessidade de civilizar as áreas rurais do Brasil.
   d) Era um admirador do liberalismo, especialmente no que se refere ao primado da força sobre o direito.
   e) *Águia de Haia* foi o apelido que Rui Barbosa ganhou em uma conferência internacional, pois tendia a discutir e a provocar seus colegas.

7. Com relação ao pensamento de Raimundo Faoro, assinale a alternativa correta:
   a) A despeito de suas críticas ao Estado e ao estamento burocrático, tinha uma visão otimista da política brasileira.
   b) Para ele, o Estado brasileiro tem uma origem distinta da do Estado português.
   c) A análise desenvolvida por Faoro em *Os donos do poder* estabelece uma forte ligação entre o estamento burocrático e a sociedade brasileira.
   d) O Estado português teve uma origem bastante tardia, no século XIX.
   e) Diante do predomínio do estamento burocrático sobre o Estado português, em Portugal estabeleceu-se e manteve-se por longo tempo um capitalismo político (mercantil).

8. Por que Florestan Fernandes foi classificado como integrante da família teórica da sociedade estruturada? Você concorda com essa classificação? Justifique.

9. Explique as concepções tradicional e moderna da política estabelecidas por Simon Schwartzman, relacionando-as às suas propostas.

Questões para reflexão

1. Assista ao filme *O processo*, baseado no livro homônimo de Franz Kafka, de 1926:

O PROCESSO. Direção de David Hugh Jones. Produção de Reniero Compostella et al. Londres: British Broadcasting Corporation, 1994. 120 min.

A personagem principal, Joseph K., é acusada de crimes, mas não sabe quais são esses crimes, nem entende como funciona o sistema judiciário para que possa se defender. Explique como o Estado pode se tornar opressor por meio das regras burocráticas.

2. Assista ao filme *Robin Hood*, em que se conta, mais uma vez, a célebre história do nobre caído em desgraça por um rei considerado tirânico (João Sem Terra) e que, por isso, roubava dos ricos para dar aos pobres:

ROBIN Hood. Direção de Ridley Scott. Produção de Michael Costigan et al. California, Universal Pictures: 2010. 140 min.

Essa versão de Ridley Scott enfatiza não o aspecto econômico, ou redistributivista, do mito de Robin Hood, mas sua atuação política, como defensor das liberdades públicas. Após assistir ao filme, liste os motivos que levaram a personagem Robin Hood a rebelar-se contra o rei João Sem Terra. O que ele entendia por *liberdade*? A participação popular ou os direitos da nobreza estavam incluídos nessa concepção de *liberdade*? A decisão de rebelar-se foi tomada desde o início ou ocorreu após dificuldades? Por que o rei João Sem Terra foi considerado um tirano?

Capítulo 4
Modelo da complementaridade

Conteúdos do capítulo:

- Modelo da complementaridade.
- Modelos polares.
- Ideias de José Bonifácio.
- Ideias de Teixeira Mendes.
- Ideias de Caio Prado Júnior.
- Ideias de Sérgio Buarque de Holanda.
- Ideias de Bresser Pereira.

Após o estudo deste capítulo, você será capaz de:

1. entender a sociedade e o Estado como polos ativos;
2. definir modelos polares;
3. relacionar o modelo da complementaridade aos modelos polares;
4. discutir as possibilidades de interpretação do modelo da complementaridade;
5. expor algumas das ideias de José Bonifácio, Teixeira Mendes, Caio Prado Júnior, Sérgio Buarque de Holanda e Bresser Pereira.

Neste capítulo, apresentaremos algumas concepções que escapam das classificações sobre as quais discoremos até o momento. Com várias ressalvas, essas concepções podem ser denominadas *intermediárias* ou *complementares* em relação às famílias teóricas do Estado demiurgo e da sociedade estruturada, porém, têm algumas abordagens bastante divergentes dessas duas.

Refletir a respeito da realidade em oposições polares é algo comum e legítimo, ou seja, definir categorias que se opõem é uma forma de organizar intelectualmente a realidade e, a partir disso, atuar praticamente. No entanto, a simplicidade e a utilidade desse procedimento não podem servir de motivo para evitar aprofundamentos teóricos e empíricos. Nesse contexto, a definição das oposições polares não pode resultar em amarras mentais que impeçam a percepção de outros aspectos da realidade ou que obstem a proposição novas categorias analíticas.

Dessa forma, nos Capítulos 2 e 3, tratamos das concepções sociopolíticas elaboradas a respeito do Brasil considerando-se as oposições polares entre Estado e sociedade. No Capítulo 2, apresentamos a família teórica do Estado demiurgo, com a valorização do Estado e a consequente desvalorização da sociedade. Em sentido oposto, no Capítulo 3, analisamos a família da sociedade estruturada, com a valorização da sociedade e a correlata desvalorização do Estado. Agora, no Capítulo 4, versaremos sobre as concepções que valorizam tanto o Estado quanto a sociedade, entendendo que em cada um desses polos há características e elementos positivos e negativos. Como já advertimos, os autores a serem analisados a seguir não são meramente intermediários – os aspectos sociopolíticos que abordam são específicos, suas concepções são originais e as consequências práticas que se extraem de suas pesquisas são importantes.

(4.1)
Estado e sociedade como polos ativos

A concepção de que o Estado e a sociedade são polos ativos, para fins de teoria política, consiste no fato de que ambos apresentam características positivas que devem ser valorizadas e primeiramente reconhecidas, podendo ser efetivas ou potenciais.

Nesse sentido, no que se refere à ação efetiva desses dois polos, cumpre, por exemplo, reconhecermos o papel determinante do Estado na constituição da nação brasileira, seja no processo de Independência com unidade territorial e política, seja na criação de muitas instituições essenciais. Devemos também admitir que a sociedade brasileira, desde o início da colonização, foi se estruturando e definindo valores e interesses que se manifestaram de formas diferentes no decorrer do tempo, seja nos pleitos de autonomia, republicanismo e liberdades (como a Inconfidência Mineira e a Confederação do Equador), seja nas diversas revoltas populares.

Em termos potenciais, nos capítulos anteriores, evidenciamos que o Estado tem, sempre, um importante papel a desempenhar na regulação e na orientação geral da sociedade. Em sentido semelhante, a própria sociedade brasileira tem condições de ser senhora de si e indicar os rumos gerais que deseja seguir, especialmente no que se refere à agregação de valores e interesses e à busca de liberdade e fraternidade.

Assim como identificamos os aspectos positivos (efetivos ou potenciais) do Estado e da sociedade brasileira, é necessário avaliar os aspectos negativos ou as limitações de cada um desses polos – minimamente à luz de motivos lógicos (afinal, o aperfeiçoamento pressupõe a imperfeição). Mais uma vez levando em consideração as ideias que apresentamos nos capítulos anteriores, podemos pressupor que o Estado brasileiro tem ou pode ter problemas de excessiva centralização, corrupção, taxação, morosidade, burocratismo, força sobre os fracos e leniência com os fortes etc. No caso da sociedade, poderíamos indicar que ela padece de dependência do Estado para se organizar e se manter e de tendências antissociais ou antipolíticas (insolidarismo, familismo amoral) etc.

Assim, a presente família teórica, que encara tanto o Estado quanto a sociedade como polos ativos, apresenta um caráter de complementaridade em relação a esses dois polos, os quais têm de ser analisados em conjunto e valorizados positivamente, ainda que suas limitações e carências também tenham de ser destacadas. Uma consequência dessa exigência de complementaridade entre Estado e sociedade, inerente à família teórica ora comentada, consiste na visão mais positiva tanto do Estado quanto da sociedade e, de modo geral, do desenvolvimento da vida sociopolítica brasileira.

E no que consistiria essa "visão mais positiva"? Não se trata aqui de ufanismo, irrealismo ou otimismo ingênuo. Consideremos a família teórica do Estado demiúrgico: tendo uma concepção basicamente negativa da sociedade brasileira, enfatiza a importância do Estado. Muitos dos pensadores adeptos dessa visão têm em mira uma (futura) sociedade liberal, mas acreditam que um Estado reforçado pode ser necessário, concepção característica especialmente de Oliveira Viana e de Francisco Campos, não por acaso, elencados entre os pensadores autoritários. Os membros da família teórica do Estado demiúrgico, de modo geral, são pessimistas quanto à sociedade atual e otimistas com relação à sociedade futura.

Opinião inversa têm os membros da família da sociedade estruturada, para os quais importa, antes de tudo, a libertação da sociedade em relação ao Estado, que é entendido como opressor e constrangedor. Aureliano Tavares Bastos representa de forma mais clara essa opinião. Aderindo quase acriticamente aos liberalismos político e econômico, ele condena em regra o Estado e prega sua limitação sistemática, valorizando a sociedade. Trata-se, assim, de um otimismo perante a sociedade presente e futura, mas de um pessimismo constante relativo ao Estado.

O modelo da complementaridade – família teórica do Estado e da sociedade como polos ativos – conjuga o otimismo e o pessimismo em relação ao Estado e à sociedade com a expectativa otimista sobre o futuro dessas instituições. Em outras palavras, para essa família teórica, tanto o Estado quanto a sociedade apresentam problemas e defeitos que devem ser corrigidos a fim de se estabelecer uma relação mais adequada, eventualmente mais harmoniosa, no futuro.

Ademais, esse futuro pode ser caracterizado pelas liberdades políticas e sociais. A família da complementaridade aproxima-se de pensadores liberais, ou não autoritários, mas também demonstra concordância com pensadores que estimulam o Estado forte ao considerar a relevância do Estado para regular a sociedade.

> Tanto o Estado quanto a sociedade apresentam problemas e defeitos que devem ser corrigidos a fim de se estabelecer uma relação mais adequada, eventualmente mais harmoniosa, no futuro.

Ao analisarmos as características da família teórica da complementaridade entre Estado e sociedade, constatamos que muitos autores dela integrantes poderiam ser classificados nas famílias anteriores e vice-versa. A diferença reside na ênfase dada pelos autores a cada um dos polos, nos juízos de valor (a favor ou contra) atribuídos aos dois polos e nas consequências práticas dessas análises intelectuais (especificamente, reforço do Estado ou combate a ele). A complementaridade, evidenciada pela valorização simultânea de cada um dos polos, revela-se com clareza nos escritos dos autores que incluímos nesse modelo.

(4.2)
APLICAÇÃO DAS OPOSIÇÕES SOCIOPOLÍTICAS AO MODELO DA COMPLEMENTARIDADE

Tendo em vista a exposição que realizamos até aqui, podemos considerar o modelo da complementaridade, ou família teórica do Estado e da sociedade como polos ativos, da seguinte maneira:

- modelo totalmente inovador;
- composição entre os modelos polares;
- realização de anseios de liberdade e desenvolvimento.

É possível que algum leitor ou pesquisador do pensamento político brasileiro discorde da nossa avaliação sobre essa família teórica como um modelo totalmente inovador. Nesse caso, essa discordância consubstanciar-se-á na ideia de que tal modelo consiste apenas na composição das famílias teóricas anteriores, ou seja, na busca de uma terceira via entre os tipos polares em que se justaporiam as qualidades e os defeitos apontados para Estado e sociedade.

Quanto à ideia de perceber esse modelo como a realização dos anseios de liberdade e desenvolvimento, esclarecemos que essa avaliação é menos analítica do que afetiva, mas, ainda assim, os autores das duas famílias polares (Estado demiúrgico e sociedade estruturada), quando expunham concepções otimistas sobre o futuro do país e, nesse sentido, anelavam um futuro caracterizado por liberdade e fraternidade, buscavam uma sociedade caracterizada pelo equilíbrio entre Estado e sociedade. O modelo da complementaridade, então, corresponderia, no que tange a seus aspectos teóricos, concretos e normativos, a esse **desejo de equilíbrio entre os polos.**

Mudando um pouco a linha de reflexão, também podemos afirmar que o modelo da complementaridade foge dos esquemas analíticos consagrados no âmbito do pensamento político brasileiro. Por sua natureza, tal proposta não se enquadra nas dicotomias iberismo-americanismo (Luiz Werneck Vianna), saquarema-luzia (Christian Lynch) e idealismo orgânico-idealismo utópico (Oliveira Viana). Entretanto, cumpre notarmos que esse "não se enquadrar" varia de acordo com o esquema analítico, uma vez que, por definição, as dicotomias de Lynch e de Oliveira Viana repelem o modelo da complementaridade. No primeiro caso, porque as categorias saquarema-luzia têm origem nos partidos políticos do período imperial, que se definiam, ainda que de maneira limitada, como de oposição mútua. No caso das categorias de Oliveira Viana, porque elas correspondiam a uma valorização bastante marcada do Estado (marcada por um viés autoritário) e uma desvalorização muito nítida do polo da sociedade.

Quanto à dicotomia retomada por Werneck Vianna – iberismo e americanismo –, seria aplicada a ideia da composição, pois a família teórica da complementaridade buscaria unir aspectos positivos do iberismo e do americanismo e combater seus aspectos negativos, a fim de constituir um tipo analítico e um modelo político.

Finalmente, as categorias propostas por Gildo Marçal Brandão para a análise do pensamento político brasileiro – idealismo constitucional, idealismo orgânico, pensamento radical de classe média e pensamento marxista vinculado ao Partido Comunista – não se encaixam no presente modelo porque as realidades descritas são diferentes. Em outras palavras, nossa proposta de família teórica da complementaridade lida com os conceitos lógicos de *Estado* e *sociedade*, ao passo que o pensamento radical de classe média e o marxismo de origem comunista introduzem elementos e classificações estranhas ao procedimento analítico aqui desenvolvido. Nesse sentido, convém reconhecermos com clareza: a despeito de a classificação de Brandão caracterizar-se por sérios problemas lógicos – como indicamos na Seção 1.3.4, ela mistura critérios lógicos com critérios sociais e institucionais –, o fato de englobar aspectos que nossa presente classificação não considera é um argumento a seu favor.

Uma consequência do ineditismo de nossa classificação, com a proposição de uma nova família teórica – a da complementaridade –, é que ela permite incluir, ou inclui de forma clara, autores que não aparecem nos estudos limitados pelas classificações anteriores. Nesse sentido, elencamos os nomes de José Bonifácio de Andrada e Silva e de Raimundo Teixeira Mendes. As exposições usuais costumam limitar-se aos autores dos dois modelos anteriores, isto é, aos autores da família da sociedade estruturada e, acima de tudo, da família do Estado demiúrgico[1].

Antes de prosseguirmos, esclarecemos que Caio Prado Júnior, como era marxista, entra logicamente em nosso modelo, e o marxismo de matriz comunista, proposto por Brandão, inclui-lo-ia naturalmente. Sérgio Buarque de Holanda é um caso um tanto difícil, na medida em que valorizava diferentemente Estado e sociedade em suas obras, porém, como não desvalorizava normativamente nem um nem outro desses polos, optamos por incluí-lo no terceiro modelo. Alguns autores que incluímos neste livro – Jessé Souza, Simon Schwartzman, Luís Carlos Bresser Pereira – ainda não costumam aparecer em obras do pensamento político brasileiro em virtude de um aspecto cronológico: seriam muito recentes.

---

1 *Isso é bastante evidente nos livros de Ricupero (2007b), Ferreira e Botelho (2010) e Cardoso (2013). Excluímos dessa crítica a coletânea organizada por Botelho e Scwarcz (2009), pois apresenta muitos mais autores de diferentes áreas das ciências sociais.*

(4.3)
JOSÉ BONIFÁCIO

José Bonifácio de Andrada e Silva (1763-1838) nasceu em Santos, no litoral paulista. Como sua atuação política ocorreu a partir da década de 1820, sua carreira política se efetivou na velhice, quando tinha 60 anos. Seu pensamento político está reunido no livro *Projetos para o Brasil*, que, na verdade, é uma coletânea de textos escritos entre 1823 e 1838, sobre os mais variados temas, como a independência nacional, a libertação dos escravos, a opção pela monarquia. Foi exilado pelo imperador D. Pedro I e, por esse motivo, seus escritos também incluem lamentos e observações críticas sobre a vida social e política do país[2].

José Bonifácio iniciou o curso de Direito em Coimbra e, posteriormente, empreendeu uma excursão científica pelo continente europeu. Passou vários anos realizando pesquisas nas mais variadas academias e instituições de toda a Europa Ocidental; aderiu ao Iluminismo, no qual procurava conhecer a realidade em termos científicos, não sobrenaturais, e em que considerava que esse conhecimento deveria servir para melhorar a sociedade em seus aspectos materiais, morais e sociopolíticos.

Sua carreira como cientista natural concentrava-se em estudos de geologia, mineralogia e siderurgia, o que o conduziu, ao voltar para Portugal em 1800, a assumir cargos ligados à mineração e à siderurgia concomitantemente à carreira de professor universitário. Entretanto, diante de grandes dificuldades na realização dessas responsabilidades, procurou desvencilhar-se delas.

---

2 *É interessante registrar, porém, que o volume* Projetos para o Brasil *(Silva, 2000), organizado pela historiadora Dolhnikoff, apresenta reflexões sobre literatura, filosofia e até sobre mulheres.*

Ainda que José Bonifácio tenha voltado ao Brasil em 1819 com a intenção de viver em aposentaria, em face da situação crítica por que passava o país[3], começou a desenvolver uma intensa atividade política como deputado provincial e líder político. Com acesso ao Príncipe Regente (o futuro D. Pedro I), passou a influenciá-lo no sentido de manter o Brasil na condição de Reino Unido. Como não obteve êxito nesse projeto, atuou para que o Brasil obtivesse sua independência política, que ocorreu no fim de 1822 – sendo, por isso, conhecido posteriormente como *Patriarca da Independência*.

Foi ministro do Interior e dos Negócios Estrangeiros em 1822 e 1823, mas, considerando o temperamento variável e autoritário de D. Pedro e as intrigas da Corte, foi exilado e morou na França durante seis anos. Por fim, após a abdicação de D. Pedro I, em 1831, foi nomeado tutor do futuro D. Pedro II, cargo que ocupou no Brasil entre 1831 e 1833, quando foi destituído e preso por um curto período. Depois disso, José Bonifácio viveu recluso até a morte.

De acordo com as categorias que apresentamos no Capítulo 1, Seção 1.1.4, podemos definir José Bonifácio como um autor-ator, visto que seus escritos consistiam em textos de ocasião (relatórios ou projetos políticos) ou pessoais, com reflexões sobre suas experiências práticas e a vida política brasileira. Embora

---

[3] *O Brasil tornou-se Reino Unido em 1808, porém, em razão da Revolução do Porto, de 1820, e do retorno da família real à Europa, em 1821, o país corria o sério risco de voltar a ser colônia.*

fosse ligado a inúmeras academias científicas europeias (incluindo a Academia de Ciências de Portugal), o fato é que sua produção política se desenvolveu enquanto ocupava cargos públicos ou durante seus exílios, de modo que era uma produção autônoma, desvinculada de instituições acadêmicas ou universitárias.

José Bonifácio tinha preocupações globais com o Brasil, refletindo sobre os mais variados aspectos da vida nacional. De modo geral, desejava modernizar o país, a fim de que fossem exploradas cientificamente as riquezas naturais e desenvolvidas indústrias locais. Também almejava acabar com a escravidão e incorporar os negros e os índios à sociedade nacional; para tanto, estimulava a miscigenação.

De modo mais imediato, a **unidade nacional e territorial** eram objeto de suas atividades, com o fito de evitar que, após a independência, o Brasil se fragmentasse, pois algumas províncias juravam lealdade ao novo Imperador, outras queriam manter-se vinculadas a Portugal e outras ainda desejavam tornar-se completamente autônomas (proclamando mesmo a república).

Conforme observa Mendes (1937), José Bonifácio era **abolicionista** e a república era, para ele, a forma de governo mais adequada. Contudo, uma república escravista não era aceitável, e a monarquia era a forma de governo que mais mantinha a união nacional – à época do movimento da independência, os meios à disposição eram claramente monarquistas. Nesse contexto, não à toa o próprio Príncipe Regente foi quem declarou o Brasil um país autônomo.

Outro problema que José Bonifácio desejava resolver era o da **integração social**. Isso significava abolir – gradual mas rapidamente – a escravidão negra, cessar as mortes dos índios e promover a integração por meio da miscigenação, de sorte que não houvesse grandes clivagens sociais no Brasil e que, assim, os conflitos sociais e étnicos fossem evitados.

(4.4)
Teixeira Mendes

Raimundo Teixeira Mendes (1855-1927) começou a estudar engenharia na antiga Escola Politécnica, porém, influenciado pelo amigo e futuro concunhado Miguel Lemos (1854-1917), passou a estudar a doutrina positivista, fundada pelo filósofo francês Augusto Comte (1798-1857), e foi a Paris. A partir daí, dedicou sua vida à difusão do positivismo, escrevendo e polemizando incessantemente sobre os mais variados assuntos. Quando a Igreja e Apostolado Positivista do Brasil foi fundada, em 1881, no Rio de Janeiro, tornou-se seu vice-diretor, cargo que ocupou até a morte, em 1927.

Com relação às categorias apresentadas no Capítulo 1, Seção 1.1.4, provavelmente Teixeira Mendes é o único autor que, entre todos os que mencionamos neste livro, resolutamente permaneceu apenas como autor, em certo sentido negando-se a também ser ator. Na verdade, sua preocupação era não ocupar cargos públicos, mantendo, dessa forma, a autonomia para atuar como órgão de opinião pública renovada. Assim, muito embora não tenha ocupado cargos públicos, é necessário relativizar a ideia de que não foi também um ator; afinal, ao participar ativamente de debates públicos, sua atividade política, realizada como intelectual público, também realizou ações políticas.

Por outro lado, como Teixeira Mendes vinculava-se apenas à Igreja Positivista do Brasil, sua produção foi autônoma, pois não se realizou no âmbito de nenhuma universidade ou instituto de pesquisa. A obra do autor é enorme: considerando que escreveu por quase 40 anos, seus escritos chegam a cerca de 500 títulos! É bem verdade que, entre essas centenas de textos, há folhetos de uma ou duas páginas, mas há também livros com centenas de laudas. Para nossos propósitos, indicamos o *Esboço biográfico de Benjamin Constant*, de 1894.

Ao biografar Benjamin Constant Botelho de Magalhães, professor de Matemática, coronel do Exército e fundador da República brasileira (1889), Teixeira Mendes apresenta o que podemos chamar de *teoria do Brasil*, ou seja, o conjunto de suas concepções sobre a história do país, sua sociedade e sua política.

Em primeiro lugar, para Teixeira Mendes, as histórias particulares devem ser inseridas na história geral. De modo mais específico, à época em que escrevia (transição entre os séculos XIX e XX), isso significava inserir a história do Brasil na história do Velho Continente – mesmo porque as Américas desenvolveram-se tendo por base a colonização europeia. Assim, o Brasil é, desde o começo, integrante da dinâmica mundial, ainda que com participação secundária e mais ou menos distante em diversos momentos.

Um traço importante da formação nacional foi a mistura das populações branca, negra e indígena, cada qual com contribuições específicas. Teixeira Mendes reconhecia e lamentava o caráter forçado e violento da integração dos negros e dos índios à sociedade nacional brasileira, mas também valorizava a participação desses grupos, uma vez que fornecia elementos que melhoravam a qualidade da vida coletiva brasileira. A propósito, em um período em que as teorias sociais eram largamente marcadas por vieses raciais, ou melhor, racistas – as características políticas e culturais das sociedades eram creditadas a influências biológicas –, Teixeira Mendes era enfático a respeito de que existiria apenas uma única raça, a humana, e que as diferenças

André Müller

físicas entre os homens corresponderiam somente a formas superficiais de adaptação aos vários ambientes da Terra.

Teixeira Mendes observava que a integração dos negros e dos índios estava longe de ser adequada, o que acarretava sérios problemas e desafios políticos e sociais. Os índios eram desrespeitados em suas crenças – os responsáveis pelas tratativas eram os sacerdotes católicos, mais preocupados em convertê-los do que em integrá-los –, quando não eram simplesmente mortos. No caso dos ex-escravos e, de modo mais amplo, dos negros, suas condições de vida eram terríveis, tendo sido largados à própria sorte após a abolição da escravidão, em 1888. Esses e inúmeros outros problemas exigiam a atuação decidida do Estado no sentido de proteger os desvalidos e criar as condições para sua inclusão social.

> De qualquer maneira, para Teixeira Mendes, a sociedade brasileira era estruturada, mas ao mesmo tempo dispersa.

De qualquer maneira, para Teixeira Mendes, a sociedade brasileira era estruturada, mas ao mesmo tempo dispersa. Os estados (antigamente províncias) haviam resultado de processos específicos de colonização e tinham suas próprias histórias e perspectivas, como era fácil de perceber nos casos de Pará, Pernambuco, Minas Gerais, Goiás, São Paulo e Rio Grande do Sul. Essas realidades locais evidenciavam-se nos vários episódios separatistas, republicanos e de emancipação da escravidão que ocorreram durante os períodos colonial e imperial e mesmo na fase do Reino Unido. Os estados brasileiros não tinham vínculos orgânicos entre si, de tal sorte que o "Brasil" não havia se constituído, até pelo menos o fim do século XIX, em uma verdadeira unidade nacional. Assim, os problemas de integração social uniam-se aos problemas institucionais no país.

Outro aspecto da estruturação da sociedade brasileira era a constituição paulatina da sociedade civil, com diversos grupos sociais manifestando opiniões, valores e interesses. Nesse sentido, Teixeira Mendes considerava que sua atuação integrava precisamente a opinião pública e, por esse motivo, recusava-se a ocupar cargos públicos no intento de manter isenção política e moral diante dessa renovada opinião pública.

No que se refere à atuação pública e de pensamento político, Teixeira Mendes participou ou esteve à frente de diversas das campanhas políticas mais importantes de seu tempo, como o combate à escravidão e o apoio à inclusão social dos ex-escravos, a defesa das liberdades públicas, a adesão à proclamação da República, o combate ao militarismo, o respeito aos povos indígenas. Todavia, o tema mais importante de sua atuação foi a **laicidade do Estado**, ou seja, a separação entre Estado e Igreja. Nesse aspecto, o autor esmerou-se para que o Estado não fosse instrumentalizado pelas igrejas (a começar pela Igreja Católica), para que não impusesse crenças aos cidadãos nem reprimisse práticas religiosas que os ocupantes do Estado julgassem "inadequadas" (como as religiões de matriz africana).

(4.5)
Caio Prado Júnior

Como um dos mais importantes autores do pensamento político brasileiro, o relevante papel de Caio Prado Júnior nessa área deve-se, entre outros motivos, ao seu livro *Formação do Brasil contemporâneo: colônia*, publicado em 1942, o qual, em 1967, foi alçado por Antônio Cândido à condição de marco fundador da moderna reflexão social sobre o Brasil (ao lado das obras de Sérgio Buarque de Holanda e Gilberto Freyre). Além disso, sua produção intelectual fundamentava-se no marxismo – apesar de ser integrante da elite paulista, Caio

Prado era filiado ao Partido Comunista Brasileiro (PCB) e, na verdade, renovou e inovou as interpretações marxistas sobre o país.

Caio da Silva Prado Júnior (1907-1990) foi bacharel em direito, envolveu-se na política ainda durante os anos de faculdade, aderindo a movimentos democráticos. Após a Revolução de 1930, desiludiu-se com os rumos da política e encontrou no marxismo comunista seu caminho. Em 1946, foi eleito deputado estadual pelo PCB, mas perdeu o mandato em razão da cassação do registro do partido em 1948. Foi cofundador da Editora Brasiliense e criador da *Revista Brasiliense* (1956-1964). Em 1954, tornou-se livre-docente da Faculdade de Direito da Universidade de São Paulo (USP), posição que foi cassada em 1968.

Considerando os parâmetros expostos no Capítulo 1, Seção 1.1.4, estabelecemos a produção intelectual de Caio Prado Júnior como acadêmica (em vez de autônoma), pois, embora ele fosse ligado ao PCB e tivesse inspiração no marxismo comunista, o estilo de sua reflexão é caracteristicamente acadêmico. Prova disso é o fato de ter feito concurso para lecionar na USP. Acrescentamos que ele deve ser considerado um autor-ator, visto que sua produção era influenciada decisivamente por sua participação política – mesmo quando essa produção tinha um caráter histórico, a exemplo de suas obras mais famosas: *Formação do Brasil contemporâneo: colônia* (1942), *História econômica do Brasil* (1945) e *Evolução política do Brasil* (1953).

A reflexão de Caio Prado Júnior, com base no marxismo, considerava que as relações econômicas de cada sociedade deveriam ser o alicerce das explicações sobre essa sociedade. Além disso, a história brasileira não deve ser apartada da história geral – o que, na realidade dos séculos XVI a XIX, significava a história da Europa. Nesses termos, o autor afirmava que a colonização brasileira integrava o grande movimento expansionista europeu, caracterizado pela disseminação do capitalismo. Nos séculos XVI a XVIII, havia dois tipos de colonização: a de exploração e a de povoamento. A de exploração visava extrair do território dominado o máximo de produtos julgados úteis ou importantes para a metrópole; no caso do Brasil, foram os sucessivos ciclos econômicos (do pau-brasil, do açúcar, de ouro, de diamantes etc). Já a colonização de povoamento corresponde a esforços para ocupar de fato os territórios dominados, constituindo novas sociedades: nas Américas, a Nova Inglaterra seria o melhor exemplo desse tipo de colonização.

Tendo sido o Brasil caracterizado pela colonização de exploração, constituía-se em uma grande empresa mercantil. Nesse sentido, aliás, Caio Prado Júnior considera que o país era desde o início capitalista, o que se opunha à tese então dominante no PCB, segundo a qual o Brasil fora feudal durante o período colonial. De qualquer maneira, integrada ao capitalismo mercantil, a sociedade brasileira organizava-se para o exterior e a produção econômica não visava atender às necessidades domésticas. Os grandes latifúndios, autossuficientes, mantinham sob controle patriarcal as comunidades reunidas a seu redor, mas a lógica que os regia era propriamente capitalista e, assim, a implantação da escravidão deveria ser entendida no Brasil como um recurso econômico[4]. Os elementos sociais voltados para a produção doméstica eram inclassificáveis nesse quadro, ou seja, estavam fora da grande estrutura social. Ora, para Caio Prado Júnior, justamente esses elementos – inicialmente marginais – é que constituíam a base da futura nacionalidade brasileira ao estabelecerem o ambiente para o povoamento efetivo do país.

A Independência, em 1822, representou uma ruptura na estrutura econômica, social e política brasileira, foi uma verdadeira revolução, em que o elemento nacional sagrou-se vitorioso sobre o elemento estrangeiro (português). Além disso, abriu-se a possibilidade de os elementos internos desenvolverem-se, ou seja, de se expandir a economia voltada para o mercado interno e, com isso, também a sociedade nacional. Entretanto, o peso das relações externas foi grande e a economia brasileira continuou voltada para fora. Ainda assim, em meados do século XIX, a cafeicultura tornou-se a base da economia nacional justamente em São Paulo e no vale do Paraíba, com um produto que não exigia grandes propriedades nem o cultivo exclusivo da terra em uma região em que as antigas relações de dominação não eram tão fortes. A produção de café foi um fator de progresso no país, ainda que apenas relativo, pois houve a troca de oligarquias e a escravidão foi mantida.

De toda maneira, não teria sido por acaso o surgimento da grande indústria em São Paulo. A industrialização, por seu turno, conduzia à urbanização e à proletarização e, com isso, haveria a constituição e

---

4 *A tese de Caio Prado Júnior a respeito do primado da economia agrário-exportadora e do caráter marginal da produção voltada para o mercado doméstico durante o período colonial tornou-se a interpretação básica sobre o período. Entretanto, Barickman (2003), em* Um contraponto baiano: açúcar, fumo, mandioca e escravidão no Recôncavo, 1780-1860, *argumenta convincentemente que o mercado interno não era marginal e, portanto, os setores sociais ligados a ele não eram secundários social e politicamente.*

o fortalecimento de uma classe operária desde o início do século XX. Finalmente, a organização desse operariado poderia conduzir à revolução socialista, a ser liderada pelo PCB.

(4.6)
SÉRGIO BUARQUE DE HOLANDA

O historiador Sérgio Buarque de Holanda (1902-1982) é um dos mais importantes e reconhecidos autores brasileiros. Ainda jovem, integrou o movimento artístico e intelectual que promoveu a Semana de Arte Moderna, em 1922. Na verdade, embora fosse paulista, Sérgio Buarque atuou como uma espécie de embaixador da Semana de Arte Moderna no Rio de Janeiro. Formado em direito, na década de 1930 foi à Alemanha como correspondente jornalístico, onde tomou contato com as ideias e as propostas teórico-metodológicas de Max Weber (1864-1920) para a sociologia. Esse contato resultou em um de seus primeiros e mais famosos livros, *Raízes do Brasil*, publicado em 1936.

Depois disso, assumiu a carreira universitária e escreveu inúmeros livros de História do Brasil, foi professor na Universidade Federal do Rio de Janeiro (UFRJ) e, posteriormente, na USP, além de ter sido professor visitante em instituições de vários outros países. Nas décadas de 1960 e 1970, coordenou a publicação da obra *História geral da civilização brasileira*, com 11 volumes sobre a história nacional desde o período colonial até 1964, abordando política, economia, cultura e instituições[5]. Em 1980, colaborou com outros intelectuais na fundação do Partido dos Trabalhadores (PT), e por isso foi homenageado

---

5   Na verdade, além de ter coordenado essa coleção, Sérgio Buarque também foi o responsável pela redação do sétimo volume, em 1972, referente à política do fim do Império e do início da República.

com o Centro Sérgio Buarque de Holanda de Documentação e História Política, vinculado à Fundação Perseu Abramo, do PT.

No que se refere às categorias que expusemos no Capítulo 1, Seção 1.1.4, podemos definir Sérgio Buarque como um autor puro, isto é, sem que suas atividades políticas tenham interferido em sua produção intelectual. Como indicamos, ele teve uma atuação mais prática somente no fim da vida para fundar um partido político. Assim, não houve interpenetração de produção intelectual e atividade política prática. Aliás, precisamente em razão desse motivo, sua produção intelectual deve ser entendida como acadêmica, visto que se vinculou durante quase toda a sua vida a instituições acadêmicas ou universitárias.

Quanto ao critério de produção acadêmica (em contraposição à produção autônoma), convém lembrar que o estabelecemos considerando a institucionalização das universidades no Brasil a partir da década de 1950 e, posteriormente, a do sistema de pós-graduação dos anos 1960 em diante. Como indicamos no Capítulo 1, alguns autores (Florestan Fernandes, acima de todos) sustentavam a inserção em universidades como critério definidor de cientificidade no pensamento social e político brasileiro; ao mesmo tempo, na visão deles, o marco propriamente intelectual que indica a passagem da produção ensaística característica do século XIX e do início do século XX é um conjunto de livros publicados entre 1933 e 1942, marcados por abordagens científicas. Quais seriam esses livros? *Casa-grande & senzala*, de Gilberto Freyre, publicado em 1933; *Formação do Brasil*

contemporâneo, publicado em 1942 por Caio Prado Júnior; e, entre os dois, *Raízes do Brasil*, de Sérgio Buarque, publicado em 1936.

A opinião do historiador sobre a democracia no Brasil era ambígua, pois considerava esse regime problemático, consistindo em uma espécie de mal-entendido. A dificuldade residia no fato de o brasileiro não ter os hábitos políticos e mentais adequados à vida democrática – uma decorrência do passado colonial, realizado pelos portugueses. Para o autor, os lusos caracterizavam-se pelo aventureirismo; passada a emoção das descobertas e dos desbravamentos, o trabalho contínuo e regular causava enfado, e desse desgosto pelo trabalho duro e regular adveio a instituição da escravidão).

A esse traço, a população brasileira acrescentava outro, também derivado da herança colonial: o de constituir-se por homens cordiais. Essa expressão gerou e ainda gera confusão, pois sugere à primeira vista a ideia de que *cordial* refere-se à cordialidade, à gentileza, à polidez. Contudo, para Sérgio Buarque, o vocábulo deve ser entendido em sentido etimológico – do latim *cordis*, que significa, precisamente, "coração", o homem cordial é aquele que age com base no coração, o que significa que os indivíduos se relacionam de maneira concreta, levando em consideração os afetos que mantêm entre si, o que faz que as relações sejam pessoais. Em contraposição, a democracia pressupõe a cidadania, que é uma instituição abstrata, em que as relações são, em princípio, despersonalizadas e deve-se obedecer à lei como uma norma impessoal. Dessa forma, sem necessariamente gostarem das violências políticas, os brasileiros estariam mais adaptados a relações pessoais e a regimes que favoreciam o mandonismo e, até mesmo, o autoritarismo.

Essas reflexões foram feitas na década de 1930, quando o Brasil ainda era um país largamente agrário, mas que se urbanizava com clareza. Para Sergio Buarque, esse **processo de urbanização** seria um meio para o país libertar-se da cordialidade que impedia ou dificultava a democracia no Brasil. De que maneira, exatamente? A urbanização deveria subtrair cada vez mais indivíduos das relações pessoais e cordiais comuns à vida no campo e incluí-los nas relações contínuas e diretas da política, que são características da cidade. Esse processo acarretaria uma **politização** e, desse modo, seria possível desenvolver os traços distintivos da democracia e do liberalismo, ou seja, a **abstração** do **primado da lei**.

A urbanização como passo para a politização e para a democratização subentende um elogio, da parte de Sérgio Buarque, da **participação popular**. Ao mesmo tempo, é também uma crítica ao iberismo, ao legado ibérico (ou luso) à formação política brasileira, com o elogio de hábitos mais próximos dos anglo-saxônicos – ou, nos termos retomados por Werneck Vianna, mais próximos do americanismo.

(4.7)
BRESSER PEREIRA

Luís Carlos Bresser Pereira (1934-) é um economista, político e também administrador de empresas. Ocupou durante muitos anos a direção de grandes empresas brasileiras. Além disso, desde a década de 1980, ocupou inúmeros cargos públicos, dos quais os mais notáveis foram os cargos de ministro nas pastas de Economia (1987), Reforma do Estado (1995-1999) e Ciência e Tecnologia (1999).

Em 1988, participou da fundação do Partido da Social Democracia Brasileira (PSDB), tendo-o integrado até 2011, quando se desfiliou ao considerar que o partido passara a integrar o que seria a *direita ideológica*.

É professor da Fundação Getulio Vargas (FGV) e leciona para graduação e pós-graduação em diversas instituições nacionais e estrangeiras. Sua obra é bastante vasta, concentrando-se de modo geral em interpretações políticas e econômicas da história do Brasil, além de discussões sobre a reforma do Estado brasileiro – que, segundo ele, deveria adotar uma abordagem gerencial, de modo a ultrapassar a visão meramente burocrática. Em sua perspectiva, o Estado deve perseguir não apenas a **eficácia** (atingir seus objetivos), mas também a **eficiência** (fazer mais e melhor com os mesmos recursos disponíveis) e a **satisfação das necessidades dos cidadãos**. Nesse sentido, sua obra de referência é *Reforma do Estado para a cidadania*, de 1998.

A carreira de Bresser Pereira, como podemos constatar, conjuga a atuação política, a atividade acadêmica e a atividade na iniciativa privada. Dessa forma, é perfeitamente aplicável a ele a categoria de ator-autor. De fato, seus livros publicados nas últimas duas ou três décadas beneficiam-se intensamente de sua experiência prática e, bem vistas as coisas, alguns de seus livros são programas práticos, como é justamente o caso do livro que citamos.

Por outro lado, essa intensa inter-relação entre atividade prática e reflexão teórica leva-nos à classificação de sua produção intelectual como autônoma. Por certo que Bresser Pereira vincula-se desde os anos 1970 a instituições de ensino e pesquisa, mas o tom de sua obra, especialmente desde os anos 1980, é caracterizado por preocupações extra-acadêmicas; ainda que muitos de seus livros se fundamentem em investigações acadêmicas, eles visam, acima de tudo, participar do debate político prático e é assim que seus textos costumam ser lidos.

> De acordo com Bresser Pereira, o Estado tem de ser ativo no provimento de serviços sociais e na criação do ambiente economicamente sustentável, mas sem voltar à situação anterior de produtor direto de bens econômicos.

Para o economista, após o regime militar e, em particular, após a promulgação da Constituição Federal de 1988, o Brasil tornou-se democrático, buscando a inclusão social, sendo já um país pluralista e em processo de modernização. Concomitantemente, as crises econômicas – a inflação, especialmente – por que passava tinham na estrutura estatal um de seus motivos. Além de inchado e caro, o Estado era ineficiente, assim, era necessário reformá-lo, a fim de que servisse mais diretamente ao país e desde que seus custos fossem redimensionados. Nesse sentido, Bresser Pereira propôs a ideia dos direitos republicanos, que se constituíam em uma quarta geração de direitos, precedidos por:

- **direitos civis** – relacionados às liberdades individuais, como ir e vir, liberdade de pensamento e de expressão;

- **direitos políticos** – relacionados à participação política individual, especialmente votar e poder ser votado;
- **direitos sociais** – vinculados à vida em sociedade, como saúde e educação.

Os direitos republicanos consistiam em uma forma de os cidadãos se relacionarem com o Estado, no sentido de serem bem atendidos pela burocracia pública: não se tratava apenas de um atendimento gentil, mas da prestação eficaz e eficiente dos atendimentos, em que a burocracia deixava de ser vista como um fim em si e passava a se orientar mais decididamente para a satisfação das necessidades públicas.

A essa concepção ainda seria vinculada uma reforma do Estado denominada *gerencial*, em que as instituições públicas passariam a adotar práticas administrativas ou mais próximas daquelas da iniciativa privada ou diretamente hauridas desse setor econômico. Um sinal dessa aproximação com o setor privado era a nomenclatura dada aos cidadãos: *usuários* ou, até mesmo, *clientes*. Assim, o Estado deixaria de se responsabilizar pela produção econômica direta para ser um coordenador, indutor e fiscal da economia. Em termos práticos, de acordo com a proposta de Bresser Pereira, o Estado brasileiro deveria privatizar as empresas estatais, criar agências reguladoras e concentrar-se na criação e na manutenção de um ambiente estável e favorável à atividade econômica.

Essas ideias foram expostas e defendidas por Bresser Pereira durante a década de 1990; enquanto ministro, chegou a colocá-las em prática. Na década de 2000, reviu seus posicionamentos e chegou a fazer uma autocrítica no sentido de que, em suas propostas de reforma do Estado, teria feito muitas concessões para o neoliberalismo. Para ele, embora o Estado brasileiro tenha de adotar uma posição de regulador da economia, tanto para satisfazer a cidadania quanto para evitar crises fiscais, na década de 1990 a noção da reforma do Estado esteve estreitamente relacionada à ideia de Estado mínimo, em um tipo de estrutura que deixasse de lado a prestação de serviços universais (como no caso do modelo de bem-estar social). De acordo com Bresser Pereira, o modelo tem de ser ativo no provimento de serviços sociais e na criação do ambiente economicamente sustentável, mas sem voltar à situação anterior de produtor direto de bens econômicos, ou seja, o autor era partidário de um **novo desenvolvimentismo**. Finalmente, também defende a participação popular como instrumento de democracia e forma de fiscalizar o Estado.

(4.8)
Ideias de autores do modelo da complementaridade

No Quadro 4.1, apresentamos as ideias dos autores que classificamos como integrantes do modelo da complementaridade, indicando suas concepções sobre o Estado, a sociedade, os objetivos buscados e as propostas efetivamente elaboradas.

Quadro 4.1 – Comparação entre os autores do modelo da complementaridade

Autor	Concepção sobre o Estado	Concepção sobre a sociedade	Objetivos buscados	Solução proposta
José Bonifácio	• Representante e organizador da nação.	• Estruturada. • Grupos regionais sem integração nacional. • Economia baseada na escravidão. • Diversidade étnica: portugueses dominadores, negros escravizados, índios dispersos.	• Integração nacional em termos étnicos e políticos. • Manutenção da unidade nacional. • Fim da escravidão. • Liberdades políticas e civis.	• Monarquia unitária e constitucional. • Manutenção da escravidão.
Teixeira Mendes	• Representante e organizador da nação. • Estado Responsável perante a opinião pública.	• Estruturada. • Sede da opinião pública. • Jornais, partidos, clubes políticos e igrejas como órgãos da opinião pública.	• Desenvolvimento econômico, social, político e moral. • Liberdades de expressão, de pensamento etc. (direitos civis, políticos e sociais). • Integração social e política nacional. • Relações internacionais pacíficas.	• Separação entre Igreja e Estado. • Fortalecimento da opinião pública. • Respeito às opiniões e às liberdades. • Política externa pacífica. • Desenvolvimento de políticas públicas nacionais.

(continua)

(Quadro 4.1 – conclusão)

Autor	Concepção sobre o Estado	Concepção sobre a sociedade	Objetivos buscados	Solução proposta
Caio Prado Júnior	• Órgão de dominação de classe. • Com a Independência do Brasil, grupos nacionais assumiram o Estado.	• Economia colonial agrário-exportadora. • Economia voltada para o mercado interno como setor marginal. • Grupos sociais marginais durante a Colônia constituindo uma sociedade nacional autônoma e inédita. • Durante a Colônia: economia brasileira inserida no capitalismo mercantil. • No século XX: desenvolvimento de economia capitalista industrial.	• Liberdades políticas e civis. • Desenvolvimento econômico, social e político. • Emancipação do proletariado.	• Revolução proletária. • Aliança do proletariado com a burguesia progressista.
Sérgio Buarque	• Órgão de regulação da sociedade.	• Estruturada. • Jornais, partidos, clubes políticos e igrejas como órgãos da opinião pública. • Tipo humano brasileiro originário do tipo humano português. • Homem cordial: incapaz de abstrações na política. • Relações pessoais, e não abstratas.	• Modernização política, econômica e social do país. • Desenvolvimento da democracia (regras universais e abstratas).	• Desenvolvimento econômico do país. • Processos de industrialização, urbanização e politização.
Bresser Pereira	• Estado como representante da sociedade. • Estado indutor do desenvolvimento.	• Estruturada. • Grupos sociais com interesses e opiniões. • Sede da atividade econômica (mercado).	• Desenvolvimento econômico, social e político do Brasil.	• Reforma do Estado com vistas à eficiência. • Fortalecimento da sociedade e do Estado.

Para saber mais

Sobre José Bonifácio, David Carneiro faz um interessante relato que combina elementos biográficos com a contextualização sociológica e política do Brasil do início do século XIX.

> CARNEIRO, D. **A vida gloriosa de José Bonifácio de Andrada e Silva e sua atuação na Independência do Brasil.** Rio de Janeiro: Civilização Brasileira, 1977.

Um interessante relato sobre a trajetória do PCB, incluindo o famoso episódio da cassação de seu registro como partido político, em 1947, pode ser lido na obra de Jacob Gorender, *Combate nas trevas*.

> GORENDER, J. **Combate nas trevas**: a esquerda brasileira: das ilusões perdidas à luta armada. São Paulo: Ática, 1987.

Em outra oportunidade, já examinamos detalhadamente as características das publicações da Igreja Positivista Brasileira. Confira esse tema na obra a seguir indicada:

> LACERDA, G. B. de. **Laicidade na I República brasileira**: os positivistas ortodoxos. Curitiba: Appris, 2016.

A respeito da obra de Sérgio Buarque e, em particular, sobre seus aspectos políticos, literários e historiográficos, a coletânea organizada por Pedro Meira Monteiro e João Kennedy Eugênio é uma ótima obra para consulta.

> MONTEIRO, P. M.; EUGÊNIO, J. K. (Org.). **Sérgio Buarque de Holanda**: perspectivas. Campinas: Ed. da Unicamp, 2008.

Uma exposição breve, mas informativa, sobre a carreira e as ideias de Caio Prado Júnior pode ser lida no capítulo dedicado a ele no livro

Sete lições sobre as interpretações do Brasil, de Bernardo Ricupero, que, aliás, é especialista no pensamento desse autor.

> RICUPERO, B. Caio Prado Jr. In: ____. **Sete lições sobre as interpretações do Brasil**. São Paulo: Alameda, 2007. p. 129-155.

Síntese

O modelo da complementaridade fundamenta-se na concepção de que tanto a sociedade quanto o Estado no Brasil são polos ativos e que, em diversos momentos, podem ter atuações consideradas negativas, mas também têm atuações positivas. Além disso, nesse modelo considera-se que é necessária a conjugação dos esforços da sociedade e do Estado para o que Brasil se desenvolva com liberdade e equidade.

Ao propor a complementaridade entre os polos da sociedade e do Estado, essa família teórica afasta-se das anteriores, que valorizavam apenas um dos polos: os adeptos ao Estado demiúrgico avaliam que a sociedade brasileira é fraca ou ruim; e os que defendem a sociedade estruturada entendem que o Estado no Brasil é prejudicial.

Ainda que se considere o modelo da complementaridade apenas como um meio-termo entre os outros dois, é mais frutífero examiná-lo como uma proposta independente. Assim, além de permitir a análise dos objetivos propostos pelos modelos anteriores (sociedade estruturada e ativa, Estado regulador, país rico e equitativo), a família teórica da complementaridade viabiliza a inclusão de importantes pensadores que não costumam ganhar destaque no pensamento político brasileiro, pois não integram com facilidade os modelos polares.

Entre as várias possibilidades de autores, expusemos no modelo da complementaridade algumas das ideias de José Bonifácio, Teixeira Mendes, Caio Prado Júnior, Sérgio Buarque de Holanda e Bresser Pereira.

Gustavo Biscaia de Lacerda

Questões para revisão

1. A respeito da família teórica da complementaridade, assinale a alternativa **incorreta**:
   a) É denominada *modelo da complementaridade* porque valoriza tanto o Estado quanto a sociedade.
   b) Na medida em que propõe a complementaridade, essa família teórica pode ser vista como uma terceira via entre as famílias anteriores.
   c) A ideia da complementaridade permite que se conjuguem aspectos positivos e negativos tanto do Estado quanto da sociedade brasileira.
   d) Uma das grandes vantagens do modelo da complementaridade é a possibilidade de abordar aspectos diferentes da realidade.
   e) O modelo da complementaridade ajusta-se bem aos parâmetros das famílias teóricas anteriores.

2. É correto afirmar que José Bonifácio:
   a) desenvolveu uma importante carreira acadêmica e administrativa durante sua vida e também dedicava-se à política prática.
   b) preocupava-se unidade nacional entendida em termos continentais.
   c) não considerava a escravidão uma aberração e, por esse motivo, rejeitava projetos de fim da escravatura.
   d) entendia a permanência da monarquia no Brasil como condição para manutenção da unidade nacional e da escravidão.
   e) apesar de seus estudos técnicos e científicos e sua atuação administrativa, era contrário ao Iluminismo.

3. Sobre Teixeira Mendes, assinale a alternativa **incorreta**:
   a) Uma de suas principais preocupações era com a separação entre Igreja e Estado.
   b) Valorizava o governo da opinião pública, daí a importância da separação entre Igreja e Estado.
   c) Embora defendesse a autonomia dos formadores da opinião pública, ocupou cargos públicos enquanto expunha suas ideias.
   d) Julgara necessário vincular a história brasileira à dinâmica mundial para que a história nacional fizesse sentido.
   e) Contrariamente a vários autores de sua época, valorizava a integração das três populações formadoras do Brasil.

4. É correto afirmar que Caio Prado Júnior:
   a) como marxista, desenvolveu uma análise idealista da história do Brasil.
   b) via na Independência uma vitória de setores políticos e econômicos estrangeiros.
   c) considerava que a organização colonial brasileira, baseada em propriedades isoladas e de enormes extensões, indica a existência de feudalismo durante a colônia.
   d) avaliava que a cultura do café, como pode ocorrer em terrenos pequenos e com outros produtos, poderia ser entendida como aristocrática.
   e) entendia que, como a colonização brasileira era de exploração, a população dedicada ao mercado interno desempenhava um papel bastante secundário.

5. É correto afirmar que Sérgio Buarque de Holanda:
   a) era bastante ambíguo a respeito da democracia no Brasil.
   b) julgava que o tipo humano do português tendia a ser de trabalhador rigoroso e compenetrado.
   c) defendia a possibilidade de democratização no Brasil em decorrência das eleições.
   d) enfatizava que o homem cordial, como define o tipo brasileiro, consiste em um indivíduo cavalheiresco, polido e respeitoso.
   e) assinalava que uma das facilidades de se implantar a democracia no Brasil seria a falta de abstração da sua população.

6. Ao expormos as ideias de Raimundo Teixeira Mendes e Caio Prado Júnior, comentamos que esses autores entendiam o Brasil como necessariamente integrado ao resto do mundo. O que se deve entender por integração, segundo a visão desses autores. Qual é a importância dessa perspectiva?

7. Na sua proposta de reforma gerencial do Estado, qual é a relação que Bresser Pereira estabelece entre Estado gerencial e direitos republicanos?

Questões para reflexão

1. Leia a transcrição ou escute o áudio do discurso de promulgação da Constituição Federal de 1988, proferido em 5 de outubro de 1988, pelo Deputado Federal e Presidente da Assembleia Nacional Constituinte, Ulisses Guimarães, disponível no *site* da Câmara dos Deputados:

GUIMARÃES, U. Discurso de promulgação da Constituição Federal de 1988. **Íntegra do discurso presidente da Assembleia Nacional Constituinte, Dr. Ulysses Guimarães (10' 23").** Câmara é história, Rádio Câmara, 6 nov. 2006. Disponível em: <http://www2.camara.leg.br/camaranoticias/radio/materias/CAMARA-E-HISTORIA/339277-INTEGRA-DO-DISCURSO-PRESIDENTE-DA-ASSEMBLEIA-NACIONAL-CONSTITUINTE,--DR.-ULYSSES-GUIMARAES-(10-23).html>. Acesso em: 2 jun. 2017.

De acordo com Ulisses Guimarães: Quais as relações entre Estado e sociedade a partir da promulgação da Constituição Federal de 1988? Estado e sociedade são por ele valorizados? Quais os papéis sociais, políticos e econômicos reservados a cada um desse polos?

2. Assista ao vídeo de Bresser Pereira em entrevista a Antônio Abujamra na TV Cultura.

PEREIRA, B. **Provocações 316 – Com Luiz Carlos Bresser Pereira–Parte 2–Bloco 1.** TV Cultura, 2007. 8min 14s. Entrevista. Disponível em: <http://tvcultura.com.br/videos/4619_provocacoes-316-com-luiz-carlos-bresser-pereira-parte-2-bloco-01.html>. Acesso em: 22 abr. 2017.

Conforme as ideias expostas por Bresser Pereira na entrevista, responda: Quais as relações que ele propõe entre o Estado e a sociedade? Ele valoriza a atuação do Estado diante da sociedade? Quais os papéis sociais, políticos e econômicos reservados a esses polos?

3. Assista aos filmes *Tropa de elite* e *Tropa de elite 2: o inimigo agora é outro.*

TROPA de elite. Direção de José Padilha. Produção de Bia Ambrogi et al. Rio de Janeiro: Zazen Produções, 2007. 115 min.

TROPA de elite 2: o inimigo agora é outro. Direção de José Padilha. Produção de James D'Arcy et al. Rio de Janeiro: Globo Filmes, 2010. 115 min.

Sob esse ponto de vista dos filmes indicados, é possível dizer que o Estado e a sociedade são fracos ou fortes, ou melhor, desestruturados ou estruturados? Note que a estruturação da sociedade ou do Estado não precisa ter efeitos apenas positivos, podem também ser negativos.

Para concluir...

Chegamos ao fim deste livro. Foi uma jornada longa, mas – esperamos que tenha sido para você – também interessante e instrutiva.

Conforme observamos na Introdução e no Capítulo 1, a área do pensamento político brasileiro é desconhecida, principalmente, porque é desvalorizada. As razões dessa desvalorização são diversas, entre as quais despontam a supervalorização do que é estrangeiro, o preconceito ao que é nacional e, infelizmente, a ideia de que a produção intelectual brasileira apenas muito recentemente merece o título de *científica*, atrelando a qualidade de nossa produção à existência de universidades e do sistema de pós-graduação.

Dessa forma, além do conhecimento das várias categorias, dos inúmeros autores das famílias teóricas que apresentamos, se há algo que gostaríamos que ficasse bem assentado, ou seja, que se mantivesse como lição principal deste livro é que o chamado *pensamento político brasileiro* constitui uma área ampla, rica e que vale a pena ser conhecida e meditada em profundidade.

As reflexões desenvolvidas pelos vários autores conjugam a preocupação em entender e em conhecer o Brasil com vistas a modificá-lo, melhorando, nossas instituições e nossa organização social. Assim, seja pelo aspecto puramente intelectual (filosófico, histórico ou sociológico), seja pelo aspecto político (prático), temos a convicção de que o pensamento político brasileiro vale a pena ser conhecido e explorado em todas as suas fases.

Não obstante, convém recordarmos algumas das observações feitas quando contrapusemos o nacionalismo teórico-metodológico ao universalismo teórico-metodológico: é importante e necessário não apenas valorizarmos a produção nacional a respeito do país, mas também mantermos o diálogo com outros países a respeito dessa produção, de sorte que possamos nos beneficiar do que os outros escrevem sobre os mais variados assuntos e, inversamente, que os outros possam se beneficiar de nossa produção.

Se, ao final desta obra, você também estiver imbuído dessas convicções, acreditamos que atuamos de fato como intelectuais, integrantes da opinião pública e, é claro, cidadãos.

Referências

ALONSO, A. **Ideias em movimento**: a geração de 1870 na crise do Brasil-Império. São Paulo: Paz e Terra, 2002.

_____. Joaquim Nabuco: o crítico penitente. In: BOTELHO, A.; SCHWARCZ, L. M. (Org.). **Um enigma chamado Brasil**: 29 intérpretes e um país. São Paulo: Companhia das Letras, 2009. p. 60-73.

BARICKMAN, B. J. **Um contraponto baiano**: açúcar, fumo, mandioca e escravidão no Recôncavo, 1780-1860. Rio de Janeiro: Civilização Brasileira, 2003.

BOTELHO, A.; SCHWARCZ, L. M. (Org.). **Um enigma chamado Brasil**: 29 intérpretes e um país. São Paulo: Companhia das Letras, 2009.

BRANDÃO, G. M. **Linhagens do pensamento político brasileiro**. São Paulo: Hucitec, 2007.

CAMPOS, F. **O Estado nacional**: sua estrutura, seu conteúdo ideológico. Brasília: Senado Federal, 2001. (Coleção Biblioteca Básica Brasileira). Disponível em: <http://www2.senado.leg.br/bdsf/bitstream/handle/id/1056/601099.pdf?sequence=4>. Acesso em: 22 abr. 2017.

CÂNDIDO, A. O significado de *Raízes do Brasil*. In: HOLANDA, S. B. de. **Raízes do Brasil**. 26. ed. São Paulo: Companhia das Letras, 2004. p. 09-22.

CARDOSO, F. H. **Pensadores que inventaram o Brasil**. São Paulo: Companhia das Letras, 2013.

CARDOSO, V. L. **À margem da história da República**. 2. ed. Brasília: Ed. da UnB, 1981. 2. v. (Biblioteca do Pensamento Político Republicano, v. 8).

CARVALHO, J. M. de. **A construção da ordem**: a elite política imperial; **Teatro das sombras**: a política imperial. 2. ed. Rio de Janeiro: UFRJ, Relume-Dumará, 1996.

CARVALHO, J. M. de (Org.). **Visconde de Uruguai**: Paulino José Soares de Sousa. São Paulo: Ed. 34, 2002. (Coleção Formadores do Brasil).

CEPÊDA, V. A. Dilemas do pensamento político: famílias intelectuais e as interpretações sobre o Brasil. **Revista de Sociologia e Política**, Curitiba, v. 16, n. 31, p. 231-238, nov. 2008. Disponível em: <http://www.scielo.br/scielo.php?script=sci_arttext&pid=S0104-44782008000200018>. Acesso em: 23 abr. 2017.

CODATO, A.; KIELLER, M. (Org.). **Velhos vermelhos**: história e memória dos dirigentes comunistas no Paraná. Curitiba: Ed. da UFPR, 2008. (Pesquisa, n. 135).

COMTE, A. **Système de politique positive ou traité de Sociologie instituant la Religion de l'Humanité**. Paris: Larousse, 1929. 4 v.

_____. **Synthèse subjective ou système universel des conceptions propres à l'état normal de l'Humanité**. Paris: Fayard, 1856.

COSER, I. **Visconde de Uruguai:** centralização e federalismo no Brasil (1823-1866). Belo Horizonte: Ed. da UFMG, 2008.

FERNANDES, M. F. L. O pensamento político de Alberto Torres: a reforma constitucional e o Estado brasileiro. In: FERREIRA, G. N.; BOTELHO, A. (Org.). **Revisão do pensamento conservador:** ideias e política no Brasil. São Paulo: Hucitec, 2010. p. 95-118.

FERREIRA, G. N. **Centralização e descentralização no Império:** o debate entre Tavares Bastos e Visconde de Uruguai. São Paulo: Ed. 34, 1999.

FERREIRA, G. N.; BOTELHO, A. (Org.). **Revisão do pensamento conservador:** ideias e política no Brasil. São Paulo: Hucitec, 2010.

FUNDAÇÃO CASA DE RUI BARBOSA. **Civilismo.** 1997. Disponível em: <http://www.casaruibarbosa.gov.br/interna.php?ID_S=332>. Acesso em: 23 abr. 2017.

GARCIA, S. G. **Destino ímpar:** sobre a formação de Florestan Fernandes. São Paulo: Editora 34, 2002.

GARDINER, P. (Org.). **Teorias da história.** Coimbra: Fundação Calouste Gulbenkian, 1969.

GONÇALVES, M. M. K. **Elite vermelha:** um perfil sócio-econômico dos dirigentes estaduais do Partido Comunista Brasileiro no Paraná – 1945-1964. 2004. 184 f. Dissertação (Mestrado em Sociologia) Universidade Federal do Paraná, Curitiba, 2004. Disponível em: <http://observatory-elites.org/wp-content/uploads/2011/11/Kieller-Elite-vermelha-UFPR.pdf>. Acesso em: 24 abr. 2017.

GUNNELL, J. G. **Teoria política.** Tradução de Maria I. C. de Moura. Brasília: Ed. UnB, 1981.

HOLANDA, S. B. de. **Raízes do Brasil.** Brasília: Ed. da UnB, 1963.

HOUAISS, A.; VILLAR, M. de S. **Dicionário eletrônico Houaiss da Língua Portuguesa**. Versão 3.0. Rio de Janeiro: Instituto Antônio Houaiss; Objetiva, 2009. 1 CD-ROM.

LACERDA, G. B. de. **Introdução à sociologia política**. Curitiba: InterSaberes, 2016a.

_____. Política e instituições na "teoria do Brasil" dos positivistas ortodoxos brasileiros. In: ENCONTRO ANUAL DA ABCP, 9., 2014, Brasília. **Anais**... Brasília: Encontro ABCP, 2014a. Disponível em: <https://cienciapolitica.org.br/system/files/documentos/eventos/2017/03/politica-e-instituicoes-teoria-brasil-dos-positivistas.pdf>. Acesso em: 18 abr. 2017.

_____. **Positivismo, Augusto Comte e Epistemologia das Ciências Humanas e Naturais**. Marília: Poiesis, 2016c.

_____. Problemas de ensino e pesquisa de métodos e teorias: reflexões sobre três oposições. **Ius Gentium**, Curitiba, v. 10, n. 5, p. 245-269, jul./dez. 2014b. Disponível em: <http://www.uninter.com/iusgentium/index.php/iusgentium/article/view/158>. Acesso em: 26 abr. 2017.

_____. Vontades e leis naturais: liberdade e determinismo no positivismo comtiano. **Mediações**, Londrina, v. 20, n. 1, p. 307-337, jan./jun. 2015. Disponível em: <http://www.uel.br/revistas/uel/index.php/mediacoes/article/view/19818>. Acesso em: 24 abr. 2017.

LAFER, C. **A identidade internacional do Brasil e a política externa brasileira**: passado, presente e futuro. São Paulo: Perspectiva, 2001.

LAHUERTA, M. Intelectuais e resistência democrática: vida acadêmica, marxismo e política no Brasil. **Cadernos AEL**, Campinas, v. 8, n. 14-15, p. 53-95, 2001. Disponível em: <http://www.ifch.unicamp.br/ojs/index.php/ael/article/view/2492>. Acesso em: 28 abr. 2017.

LAMOUNIER, B. *Bases do autoritarismo revisitado*: diálogo com Simon Schwartzman sobre o futuro da democracia brasileira. In: SCHWARTZMAN, L. F. et al. (Org.). **O sociólogo e as políticas públicas**: ensaios em homenagem a Simon Schwartzman. Rio de Janeiro: Ed. da FGV, 2009. p. 53-66.

_____. Formação de um pensamento político autoritário na Primeira República: uma interpretação. In: FAUSTO, B. (Org.). **História geral da civilização brasileira**: o Brasil republicano – Sociedade e instituições (1889-1930). São Paulo: Difel, 1977. t. III, v. 2, p. 343-374.

_____. *O Brasil autoritário revisitado*: o impacto das eleições sobre a abertura. In: STEPAN, A. (Org.). **Democratizando o Brasil**. Rio de Janeiro: Paz e Terra, 1988. p. 83-134.

LEVIN, M. What Makes a Classic in Political Theory? **Political Science Quarterly**, New York: Academy of Political Science, v. 88, n. 3, p. 462-476, Sept. 1973.

LIMA SOBRINHO, A. J. B. **Presença de Alberto Torres**: sua vida e seu pensamento. Rio de Janeiro: Civilização Brasileira, 1968.

LYNCH, C. E. C. A institucionalização da área do pensamento político brasileiro no âmbito das ciências sociais: revisitando a pesquisa de Wanderley Guilherme dos Santos (1963-1978). In: DULCI, O. S. (Org.). **Leituras críticas sobre Wanderley Guilherme dos Santos**. Belo Horizonte: Ed. da UFMG, 2013a. p. 11-63.

LYNCH, C. E. C. Saquaremas e luzias: a sociologia do desgosto com o Brasil. **Insight Inteligência**, Rio de Janeiro, n. 55, p. 21-37, out./dez. 2011. Disponível em: <http://beemote.iesp.uerj.br/wp-content/uploads/2015/07/LYNCH_C._Saquaremas-e-Luzias.pdf>. Acesso em: 2 maio 2017.

MARTINS, J. de S. **A sociologia como aventura**: memórias. São Paulo: Contexto, 2013.

MENDES, R. T. **Ainda a verdade histórica acerca da instituição da liberdade espiritual no Brasil, bem como do conjunto da organização republicana federal**: a propósito das afirmações do Senador Rui Barbosa, a esse respeito, no discurso proferido, no Senado Federal, a 20 de novembro de 1912. Série da Igreja Positivista do Brasil, n. 343. Rio de Janeiro: Igreja Positivista do Brasil, 1912.

_____. **Benjamin Constant**: esboço de uma apreciação sintética da vida e da óbra do fundador da República Brazileira. 3. ed. Rio de Janeiro: Imprensa Nacional, 1937.

MILLS, C. W. **A imaginação sociológica**. 3. ed. Tradução de Waltensir Dutra. Rio de Janeiro: J. Zahar, 1972.

MOOG, C. V. **Bandeirantes e pioneiros**: paralelos entre duas culturas. 13. ed. Rio de Janeiro: Civilização Brasileira, 1981.

MORSE, R. M. **O espelho de Próspero**: culturas e idéias nas Américas. Tradução de Paulo Neves. São Paulo: Companhia das Letras, 1988.

MUNCK, G. L. The Past and Present of Comparative Politics. In: MUNCK, G. L.; SNYDER, R. (Ed.). **Passion, Craft, and Method in Comparative Politics**. Baltimore: Johns Hopkins University, 2007.

NABUCO, J. **Um estadista do Império**. 5. ed. Rio de Janeiro: Topbooks, 1997. 2 v.

OLIVEIRA VIANA, F. J. de. O idealismo da constituição. In: CARDOSO, V. L. (Org.). **À margem da história da República**. 2. ed. Brasília: Ed. UnB, 1981. v. 1. p. 103-118.

_____. **Instituições políticas brasileiras**. Belo Horizonte: Itatiaia; São Paulo: EDUSP; Niterói: EDUFF, 1987.

OLIVEIRA VIANA, F. J. de. **Populações meridionais do Brasil.** Brasília: Senado Federal, 2005. (Edições do Senado Federal, v. 27). Disponível em: <http://www2.senado.leg.br/bdsf/bitstream/handle/id/1108/743391.pdf?sequence=4>. Acesso em: 22 abr. 2017.

RAMOS, G. A. **Introdução crítica à sociologia brasileira.** 2. ed. Rio de Janeiro: Ed. UFRJ, 1995.

REIS, J. C. **História e teoria:** historicismo, modernidade, temporalidade e verdade. Rio de Janeiro: FGV, 2003.

RICUPERO, B. Raymundo Faoro. In: _____. **Sete lições sobre as interpretações do Brasil.** São Paulo: Alameda, 2007a. p. 155-180.

_____. **Sete lições sobre as interpretações do Brasil.** São Paulo: Alameda, 2007b.

SANTOS, W. G. dos. A práxis liberal no Brasil. In: _____. **Décadas de espanto e uma apologia democrática.** Rio de Janeiro: Rocco, 1998. p. 9-61. Disponível em: <http://www.bresserpereira.org.br/Terceiros/Cursos/2010/A_praxis_liberal_no_Brasil.pdf>. Acesso em: 3 maio 2017.

_____. A teoria da democracia proporcional de José de Alencar. In: SANTOS, W. G. dos. (Org.). **Dois escritos democráticos de José de Alencar:** o sistema representativo, 1968, reforma eleitoral, 1874. Rio de Janeiro: Ed. da UFRJ, 1991a. p. 9-56.

_____. **Ordem burguesa e liberalismo político.** São Paulo: Duas Cidades, 1978.

SARTORI, G. Da sociologia da política à sociologia política. In: LIPSET, S. M. (Org.). **Política e ciências sociais.** Rio de Janeiro: J. Zahar, (1972). p. 106-148.

SCHWARTZMAN, S. **Bases do autoritarismo brasileiro.** 4. ed. Rio de Janeiro: Publit, 2007.

SILVA, J. B. de A. e **Projetos para o Brasil**. São Paulo: Publifolha, 2000.

SILVA, J. M. Darcy Ribeiro, o visionário. In: ____. **O pensamento do fim do século**. Porto Alegre: L&PM, 1993.

SILVA, R. V. **A ideologia do Estado autoritário no Brasil**. Chapecó: Argos, 2004.

____. Liberalismo e democracia na sociologia política de Oliveira Vianna. **Sociologias**, Porto Alegre, ano 10, n. 20, p. 238-269, jul./dez. 2008b. Disponível em: <http://www.scielo.br/pdf/soc/n20/a11n20.pdf>. Acesso em: 3 maio 2017.

SOUZA, J. **A tolice da inteligência brasileira**: ou como o país se deixa manipular pela elite. São Paulo: Leya, 2015.

SOUZA, P. J. S. **Ensaio sobre o direito administrativo**. Brasília: Ministério da Justiça, 1997.

THOMPSON, J. **Ideologia e cultura moderna**: teoria social crítica na era dos meios de comunicação de massa. Petrópolis: Vozes, 1995.

TOCQUEVILLE, A. de. **A democracia na América**. São Paulo: Itatiaia, 1977. 2 v.

TORRES, A. **A organização nacional**. Rio de Janeiro: Imprensa Nacional, 1914. Disponível em: <http://www.banrepcultural.org/sites/default/files/84052/brblaa10435.pdf>. Acesso em: 25 abr. 2017.

VANDENBERGHE, F. Metateoria, teoria social e teoria sociológica. **Cadernos do Sociofilo**, Rio de Janeiro: IESP-UERJ, n. 3, p. 14-48, 2013. Disponível em: <http://sociofilo.iesp.uerj.br/wp-content/uploads/2013/04/2_Fred.pdf>. Acesso em: 26 abr. 2017.

VINCENT, A. **The Nature of Political Theory**. Oxford: Oxford University Press, 2004.

VIANNA, L. W. Americanistas e iberistas: a polêmica de Oliveira Viana com Tavares Bastos. In: ____. **A revolução passiva**: iberismo e americanismo no Brasil. 2. ed. Rio de Janeiro: Revan, 2004a. p. 151-194.

____. **A revolução passiva**: iberismo e americanismo no Brasil. 2. ed. Rio de Janeiro: Revan, 2004b.

Bibliografia comentada

BOTELHO, A.; SCHWARCZ, L. M. (Org.). **Um enigma chamado Brasil**: 29 intérpretes e um país. São Paulo: Companhia das Letras, 2009.

FERREIRA, G. N.; BOTELHO, A. (Org.). **Revisão do pensamento conservador**: ideias e política no Brasil. São Paulo: Hucitec, 2010.

RICUPERO, B. **Sete lições sobre as interpretações do Brasil**. São Paulo: Alameda, 2007.

WEFFORT, F. C. **Formação do pensamento político brasileiro**: idéias e personagens. São Paulo: Ática, 2006.

Esses livros apresentam de maneira sumária a vida e a obra de inúmeros pensadores que analisaram o Brasil. São obras que permitem aos leitores um primeiro contato com os vários autores abordados – em alguns casos, com razoável profundidade –, trazendo discussões importantes sobre eles e o pensamento político brasileiro.

Entretanto, apresentando a inevitável limitação de espaço – que sempre obriga os organizadores de livros a fazerem escolhas –, esses registros padecem do problema de concentrarem-se em demasia em poucos autores ou, melhor, de preferirem expor o pensamento de poucos autores, deixando inúmeras outras possibilidades de lado.

LYNCH, C. E. C.. A institucionalização da área do pensamento político brasileiro no âmbito das ciências sociais: revisitando a pesquisa de Wanderley Guilherme dos Santos (1963-1978). In: DULCI, O. S. (Org.). **Leituras críticas sobre Wanderley Guilherme dos Santos.** Belo Horizonte: Ed. da UFMG, 2013. p. 11-63.

____. Do despotismo da gentalha à democracia da gravata lavada: história do conceito de democracia no Brasil (1770-1870). **Dados**, Rio de Janeiro, v. 54, n. 3, p. 355-390, 2011. Disponível em: <http://www.scielo.br/pdf/dados/v54n3/v54n3a04.pdf>. Acesso em: 28 abr. 2017.

____. O império da moderação: agentes da recepção do pensamento político europeu e construção da hegemonia ideológica do liberalismo moderado no Brasil imperial. **Revista do Instituto Histórico e Geográfico Brasileiro**, Rio de Janeiro, ano 172, n. 452, p. 311-340, jul./set. 2011. Disponível em: <https://ihgb.org.br/revista-eletronica/artigos-452/item/108337-o-imperio-da-moderacao-agentes-da-recepcao-do-pensamento-politico-europeu-e-construcao-da-hegemonia-ideologica-do-liberalismo-moderado-no-brasil-imperial.html>. Acesso em: 2 maio 2017.

____. Por que pensamento e não teoria? A imaginação político-social brasileira e o fantasma da condição periférica (1880-1970). **Dados**, Rio de Janeiro, v. 56, n. 4, p. 727-767, 2013. Disponível em: <http://www.scielo.br/pdf/dados/v56n4/v56n4a01.pdf>. Acesso em: 2 maio 2017.

____. Saquaremas e luzias: a sociologia do desgosto com o Brasil. **Insight Inteligência**, Rio de Janeiro, n. 55, p. 21-37, out./dez. 2011. Disponível em: <http://beemote.iesp.uerj.br/wp-content/uploads/2015/07/LYNCH_C._Saquaremas-e-Luzias.pdf>. Acesso em: 2 maio 2017.

Os diversos artigos de Christian Lynch indicados consistem em alguns dos melhores estudos que a área de pensamento político brasileiro apresenta atualmente. Lynch tem sido um dos mais ativos e importantes defensores dessa área em instituições acadêmicas e científicas e os artigos citados fazem jus à importância prática do autor, pois expõem inúmeros aspectos de que tratamos no decorrer deste livro – ainda que nem sempre concordemos com o autor, suas reflexões são referência obrigatória na área.

BONAVIDES, P.; AMARAL, R. (Org.). **Textos políticos da história do Brasil**. 3. ed. Brasília: Senado Federal, 2002. v. I. Disponível em: <http://www2.senado.leg.br/bdsf/handle/id/81922>. Acesso em: 11 maio 2017.

____. ____. 3. ed. Brasília: Senado Federal, 2002. v. II. Disponível em: <http://www2.senado.leg.br/bdsf/item/id/81923>. Acesso em: 11 maio 2017.

____. ____. 3. ed. Brasília: Senado Federal, 2002. v. III. Disponível em: <http://www2.senado.leg.br/bdsf/handle/id/81928>. Acesso em: 11 maio 2017.

____. ____. 3. ed. Brasília: Senado Federal, 2002. v. IV. Disponível em: <http://www2.senado.leg.br/bdsf/item/id/81924>. Acesso em: 11 maio 2017.

____. ____. 3. ed. Brasília: Senado Federal, 2002. v. V. Disponível em: <http://www2.senado.leg.br/bdsf/handle/id/81925>. Acesso em: 11 maio 2017.

____. ____. 3. ed. Brasília: Senado Federal, 2002. v. VI. Disponível em: <http://www2.senado.leg.br/bdsf/handle/id/81926>. Acesso em: 11 maio 2017.

BONAVIDES, P.; AMARAL, R. (Org.). **Textos políticos da história do Brasil**. 3. ed. Brasília: Senado Federal, 2002. v. VII. Disponível em: <http://www2.senado.leg.br/bdsf/handle/id/81930>. Acesso em: 11 maio 2017.

_____. _____. 3. ed. Brasília: Senado Federal, 2002. v. VIII. Disponível em: <http://www2.senado.leg.br/bdsf/handle/id/81927>. Acesso em: 11 maio 2017.

_____. _____. 3. ed. Brasília: Senado Federal, 2002. v. IX. Disponível em: <http://www2.senado.leg.br/bdsf/handle/id/81929>. Acesso em: 11 maio 2017.

Os dez volumes indicados constituem uma coleção publicada em formato eletrônico no ano de 2002 pelo Senado Federal. Correspondendo à formação jurídica dos organizadores, Paulo Bonavides e Roberto Amaral, as obras reúnem em ordem cronológica inúmeros textos e documentos históricos, de caráter jurídico-político, da história política brasileira. São volumes de referência, imprescindíveis como fontes primárias para a área do pensamento político brasileiro.

ABREU, A. A. de. **Dicionário da elite política republicana (1889-1930)**. Centro de Pesquisa e Documentação de História Contemporânea do Brasil. 2013. Disponível em: <http://cpdoc.fgv.br/dicionario-primeira-republica>. Acesso em: 22 abr. 2017.

CENTER FOR RESEARCH LIBRARIES. **Brazilian Government Documents**. [2016?]. Disponível em: <http://www-apps.crl.edu/brazil>. Acesso em: 22 abr. 2017.

CENTRO DE PESQUISA E DOCUMENTAÇÃO DE HISTÓRIA CONTEMPORÂNEA DO BRASIL. **Verbetes do dicionário histórico-biográfico brasileiro – DHBB**. [2015?]. Disponível em: <http://cpdoc.fgv.br/acervo/dhbb>. Acesso em: 22 abr. 2017.

Esses três portais apresentam documentos originais digitalizados, biografias individuais e histórias de instituições do Brasil, compreendendo diversos períodos históricos. O Center for Research Libraries está localizado em Chicago, nos Estados Unidos, e seu portal apresenta documentos oficiais brasileiros do Poder Executivo desde 1823 até 1993, ou seja, abrange praticamente toda a vida política nacional do Brasil independente.

Os portais do Centro de Pesquisa e Documentação de História Contemporânea do Brasil da Fundação Getulio Vargas (Cpdoc-FGV) correspondem às versões eletrônicas de dois conjuntos de impressos do mesmo Centro de Pesquisa – na verdade, dois dicionários: o primeiro consiste no dicionário da história brasileira posterior a 1930, e o segundo, no dicionário da história brasileira da Primeira República. Indiscutivelmente, essas são duas das mais relevantes publicações já editadas no Brasil sobre nossa história e, desde que foram lançadas, são referências obrigatórias para pesquisadores e para o público em geral.

Contudo, deve-se notar que há diferenças entre cada uma dessas obras, que alteram seu valor historiográfico. A versão impressa do dicionário pós-1930 tem cinco grandes volumes, e sua versão eletrônica permite constantes atualizações e aumentos. O o dicionário da Primeira República tem apenas um volume na versão impressa, e a versão eletrônica não aceita atualizações nem complementos. Ainda, refletindo a extensão de cada uma das obras, o dicionário da Primeira República apresenta lacunas biográficas e institucionais bastante sérias, como a ausência de verbetes dedicados à Igreja Positivista do Brasil, a Miguel Lemos e a Raimundo Teixeira Mendes.

Gustavo Biscaia de Lacerda

BRASIL. Senado Federal. **Institucional**. Biblioteca. [2016?].
Disponível em: <http://www12.senado.leg.br/institucional/biblioteca#>. Acesso em: 15 abr. 2017.
SCIENTIFIC ELECTRONIC LIBRARY ONLINE BRAZIL. 2016.
Disponível em: <http://www.scielo.br>. Acesso em: 15 abr. 2017.

Essas duas bibliotecas eletrônicas oferecem gratuitamente documentos históricos e científicos.

O portal da Biblioteca do Senado Federal é a versão eletrônica da biblioteca física, localizada em Brasília. Entretanto, o *site* oferece muitos outros serviços, pois dispõe para o público centenas de documentos raros ou de difícil acesso para serem baixados gratuitamente.

O Scielo consiste em um projeto originalmente brasileiro, desenvolvido e mantido por várias instituições, entre as quais a Fundação de Amparo à Pesquisa do Estado de São Paulo (Fapesp), o Centro Latino-Americano e do Caribe de Informação em Ciências da Saúde (Bireme) e o Conselho Nacional de Desenvolvimento Científico e Tecnológico (CNPq). Inicialmente, dedicava-se a ser uma biblioteca eletrônica de revistas científicas de altíssima qualidade em todas as áreas de conhecimento, mas, com o passar do tempo e com o desenvolvimento – e o inegável sucesso – da iniciativa, passou a ser uma biblioteca também de livros eletrônicos e a abarcar outros países além do Brasil. De fato, é uma biblioteca íbero-americana, que abrange vários países latino-americanos, além de Portugal, Espanha e até a África do Sul.

Respostas

Capítulo 1

Questões para revisão

1. d
2. b
3. a
4. c
5. O nacionalismo teórico-metodológico consiste em afirmar que a realidade nacional brasileira só pode ser (bem) estudada com base nas categorias e nas análises elaboradas no próprio país; isso se refere tanto às elaborações teóricas quanto às técnicas de pesquisa. Assim, ao mesmo tempo que afirma a capacidade investigativa dos próprios brasileiros, o nacionalismo teórico-metodológico corre um sério risco de ser xenófobo.

Por seu turno, o universalismo teórico-metodológico guarda relação mais próxima da ciência, que consiste em um esforço efetivamente internacional, ao longo do tempo, para investigar as mais variadas realidades. Aplicado ao Brasil e ao pensamento político brasileiro, o universalismo considera que categorias elaboradas em outros países podem ser tão úteis quanto as elaboradas nacionalmente. Uma eventual dificuldade apresentada por um universalismo teórico-metodológico ingênuo é considerar que apenas as categorias estrangeiras são úteis e válidas para estudar o Brasil e, inversamente, que as categorias elaboradas aqui não teriam o refinamento ou a validade das estrangeiras.

6. O cientista político paulista Gildo Marçal Brandão baseou-se em parte nas categorias elaboradas por Francisco José de Oliveira Vianna para propor a sua própria classificação das famílias teóricas do pensamento político brasileiro. Assim, são as seguintes as quatro famílias propostas por Brandão: idealismo orgânico, idealismo constitucional, marxismo de matriz comunista e pensamento radical de classe média. O idealismo orgânico refere-se à interpretação de que a sociedade brasileira é desarticulada e que precisa do Estado para se constituir; o idealismo constitucional é o entendimento de que a sociedade brasileira é estruturada, mas obstaculizada pelo Estado, sendo necessário que este recue para que a sociedade possa atuar livremente. O marxismo de matriz comunista corresponde às interpretações teóricas e políticas elaboradas pelos intelectuais vinculados ao Partido Comunista Brasileiro (PCB) ao longo do século XX, que, **grosso modo**, entendiam a dinâmica social em termos de lutas de classes, o Estado como agente de classe (o mais das vezes, da classe burguesa) e a necessidade de desenvolver-se o capitalismo brasileiro como etapa para o socialismo futuro. O pensamento radical de classe média corresponde às diversas formulações elaboradas por intelectuais oriundos dessa camada social, favoráveis ao uso instrumental do Estado

para o desenvolvimento do país, mas também críticos à corrupção estatal e política.

Questões para reflexão

1. O nome *pensamento político brasileiro* indica com clareza o tema explorado (o pensamento político) e também seu âmbito (brasileiro). Por outro lado, particulariza demais a reflexão, dando a entender que as ideias brasileiras não merecem o estatuto de *teoria política*, a ombrear com a produção feita na Europa e nos Estados Unidos.
2. Policarpo Quaresma era nacionalista político e também teórico-metodológico. Seu pensamento era principalmente social (nos termos discutidos neste livro); pode ser considerado um autor-ator (embora não fosse propriamente um autor). Como sua ação ocorria no âmbito da sociedade civil, era mais próximo dos luzias, embora não rejeitasse a atuação do Estado; também era mais próximo dos iberistas que dos americanistas ao valorizar a história e a cultura brasileiras. Por fim, é possível considerá-lo um idealista utópico.

Capítulo 2

Questões para revisão

1. d
2. b
3. e
4. e
5. a
6. Tanto Oliveira Viana quanto Francisco Campos eram favoráveis ao Estado forte, quando não ao Estado autoritário; em termos de política prática, ambos apoiaram ou foram

simpáticos ao autoritarismo do Estado Novo, implantado por Getúlio Vargas em 1937 e vigente até 1945.

Entretanto, ainda que de maneira polêmica, o ideal de sociedade almejado por Oliveira Viana era de uma sociedade liberal; assim, embora haja fortes disputas a respeito, há pesquisadores (como Wanderley Guilherme dos Santos) que veem em sua figura a concepção do autoritarismo instrumental, pelo qual o autoritarismo seria um instrumento, apenas um meio para um fim – no caso, a organização e a estruturação da sociedade, o combate ao insolidarismo e ao familismo amoral, por exemplo.

Já Francisco Campos defendia o autoritarismo com base tanto em princípios éticos quando em considerações técnicas. Pelo viés ético, ele entendia que o Estado autoritário é a forma mais adequada de criar a representação democrática, ou seja, o Estado seria a instituição que mais e melhor representa o povo (e que, portanto, realiza o ideal da democracia). Na perspectiva técnica, o autor considerava que a extrema complexidade da economia moderna exige decisões rápidas e grande coordenação nas ações, o que implicaria a centralização político-econômica no Estado, em vez de deixar ao mercado e às livres disputas políticas a alocação dos recursos sociais e econômicos. Nesse sentido, o Estado autoritário de Francisco Campos também seria um Estado tecnocrático.

7. É perfeitamente aceitável incluir Jessé Souza entre os adeptos do Estado demiúrgico. Claro, essa inclusão depende da forma como se define o referido modelo; no sentido que apresentamos neste livro, o modelo seria aquele que valoriza positivamente a ação do Estado, ao mesmo tempo que percebe na sociedade sérios problemas que só podem ser solucionados via

ação estatal. No caso específico de Jessé Souza, ele não entende a sociedade como problemática, mas critica seriamente a noção – por ele denominada de mito – de que o livre mercado é suficiente para organizar a sociedade, distribuir as riquezas e combater as injustiças sociais. Em outras palavras, para Jessé Souza, a ação firme e forte do Estado em uma sociedade livre é necessária para realizar a justiça social e também para promover o desenvolvimento socioeconômico.

Questões para reflexão

1. O Estado deveria organizar e estruturar a sociedade, desenvolvendo a economia por meio da ação direta (com empresas estatais) e por meio da representação política classista. A sociedade deveria apoiar o Estado. A bandeira do Brasil como sendo a única bandeira indica que o Estado nacional assumiria o primeiro plano e que as lealdades políticas dos brasileiros deveriam dirigir-se ao país, e não mais aos Estados. Em outras palavras, seria o fim do federalismo e a afirmação do unitarismo e do centralismo. A referência à Igreja indica o apoio decidido da Igreja Católica ao regime em troca de proteção e de disseminação oficial do credo e do culto católico. A referência às "espadas" significa o apoio das Forças Armadas (em particular do Exército) ao regime político do Estado Novo e mesmo o emprego da disciplina militar para impor a ordem social.
2. O diálogo indica que a lealdade política dos indivíduos deveria ser para a família, e não para o Estado nacional. Nesse sentido, não há como constituir de fato um Estado nacional, pois não haveria comunidade entre os indivíduos fora das famílias. Aliás, como a política é a atividade desenvolvida no espaço público, na pólis, fora e acima das famílias, o familismo amoral

impediria mesmo que se desenvolvesse uma atividade propriamente política – haveria apenas atividades domésticas, subordinadas ao chefe da família, a qual é evidente nesse diálogo e em toda a triologia.

Capítulo 3
Questões para revisão
1. c
2. e
3. e
4. b
5. a
6. a
7. e
8. O modelo sociedade estruturada considera que a sociedade brasileira é organizada, tem seus próprios valores e interesses e consegue expressá-los por meio das mais variadas instituições; nesse contexto, o Estado seria um órgão que dificulta ou mesmo impede a organização social e a expressão de seus valores e interesses. Considerando essa formulação, é bastante fácil incluir nesse modelo pensadores liberais, que explicitamente combatem o Estado, seja em termos políticos, seja em termos econômicos.

Florestan Fernandes, especialmente a partir dos anos 1970, mostrou-se um teórico e um político socialista; é incorreto incluí-lo no espectro liberal. Ainda assim, a sua atuação político-intelectual baseou-se inteiramente na consideração de que a sociedade brasileira é estruturada, é organizada, mas que o Estado apresenta fortes obstáculos para a livre ação social. A estrutura da sociedade, para Florestan Fernandes, referia-se em particular às camadas mais baixas e pobres da sociedade; sua organização e sua manifestação seria impedida pelas elites brasileiras, que usariam o Estado como instrumento de dominação de classe. Esse gênero de política corresponderia às regiões mais atrasadas do país, isto é, às partes em que não se teria desenvolvido o capitalismo e as relações político-econômicas abstratas e impessoais: mormente, Nordeste, Rio de Janeiro, Rio Grande do Sul e Minas Gerais.

9. A política tradicional, para Simon Schwartzman, consiste nas relações de dominação personalistas e estritamente hierárquicas, herdeiras da formação colonial brasileira. Nesse gênero de política, em vez de ocorrer o debate de ideias e propostas e a negociação de interesses claramente expostos, o que há é a troca de favores pessoais, a consideração de que a política em geral e o Estado são instituições privadas (patrimonialismo) e a submissão dos cidadãos a líderes políticos entendidos como patronos pessoais.

Em contraposição, a política moderna basear-se-ia nas relações sociais próprias ao capitalismo: conflitos de classe claramente estruturados por meio de sindicatos (de trabalhadores e patronais) e de partidos políticos, que disputam o controle do Estado em processos eleitorais universais e abstratos. As relações interpessoais não pressupõem laços entre indivíduos que devem lealdades uns aos outros, mas contatos entre cidadãos que participam da vida pública. Além disso, em sentido semelhante, o Estado é entendido como um órgão responsável pela implementação concreta de políticas públicas concebidas em termos abstratos. Esse padrão político vigeria especialmente em São Paulo, mas também em partes da Região Sul (Paraná e Santa Catarina).

Para Schwartzman, ao longo do século XX, embora a política moderna tenha-se desenvolvido, o país como um todo era regido e governado pela política tradicional; isso se manifestaria pela submissão política de São Paulo a outros estados, especialmente após 1930 (ou 1932). Para substituir a política tradicional como padrão nacional, seria necessário que os políticos e partidos paulistas, formados no padrão moderno, voltassem a governar o país e, ao mesmo tempo, que o Brasil se desenvolvesse economicamente na direção do capitalismo.

A partir dos anos 1990, quando políticos de São Paulo voltaram a governar o Brasil (Fernando Henrique Cardoso e Luís Inácio Lula da Silva), Schwartzman reviu essa proposta; para ele, embora desde então o padrão moderno de política tenha-se formalmente imposto, a política tradicional foi mais forte e "englobou" a política moderna, impedindo que esta desenvolvesse os seus efeitos sobre o país.

Questões para reflexão

1. A multiplicação de regras, a existência de regras confusas e contraditórias e mesmo a existência de regras secretas ou bem pouco conhecidas dificultam imensamente a vida dos cidadãos. Sem saber quais são as regras válidas e em quais situações elas valem, os cidadãos não têm como agir de acordo com as leis e, dessa forma, passam a viver à sombra da ilegalidade. É claro que essa maneira de lidar com produção e com a divulgação de leis pode ser utilizada com fins políticos, exatamente com o objetivo de confundir os cidadãos e controlá-los mais.

2. No filme *Robin Hood*, a liberdade apresentava sobretudo dois elementos: (1) a ausência de um poder tirânico, ou seja, a ausência de regras limitadoras e entendidas como ilegítimas; (2) o exercício das prerrogativas dos nobres. Embora o filme não se refira claramente a essa questão, a participação popular era entendida sob o aspecto da participação política da nobreza, por isso o povo não estava incluído na liberdade. A rebelião ocorre como o clímax de crescentes dificuldades. O rei João Sem Terra aparece como um celerado, uma pessoa sem caráter e desonesta que ignora e desrespeita os costumes ingleses – entre os quais o de ouvir a opinião dos nobres, em particular para o aumento de impostos.

Capítulo 4
Questões para revisão
1. e
2. d
3. c
4. e
5. a
6. Embora Teixeira Mendes e Caio Prado filiassem-se a correntes teóricas diferentes – respectivamente, positivista e marxista –, ambos entendiam que o mundo como um todo possui uma dinâmica histórica específica e que os vários países integram essa dinâmica cada um a seu modo, ao mesmo tempo que a influenciam.

A ideia de "integração", nesse sentido, aponta para o fato de que a realidade social brasileira, ainda que tenha suas particularidades, não pode ser examinada de maneira desvinculada dos grandes processos mundiais e internacionais. Mais do que isso: as análises de Teixeira Mendes e Caio Prado apresentam os movimentos internacionais como elementos ativos que influenciam a realidade brasileira, diferentemente de muitos outros autores, que encaram o ambiente internacional apenas como um pano de fundo mais ou menos inerte ou, então, que simplesmente desconsideram esse ambiente internacional.

7. A proposta de reforma gerencial de Bresser Pereira consistia em tornar o Estado mais ágil, mais eficiente e mais eficaz. (Eficiência é a relação entre os meios e os fins: alguém que obtém um determinado resultado usando poucos instrumentos é eficiente. A eficácia refere-se aos fins: quem alcança determinado objetivo é eficaz.) Além de seguir a lei e contar com uma burocracia eficiente e eficaz, o Estado deveria ultrapassar a mera obediência burocrática à lei, concentrando sua atenção e seus esforços no atendimento das necessidades concretas dos cidadãos.

Os direitos republicanos, uma elaboração teórica de Bresser Pereira, fariam parte de uma quarta geração de direitos, que viria após os direitos civis, políticos e sociais. Os direitos republicanos seriam a contrapartida dos cidadãos para a reforma gerencial – eles teriam direito de ser [bem] atendidos pelos serviços providos pelo Estado; isso implicaria, entre outros fatores, respeito aos indivíduos, rapidez, eficiência e eficácia, acesso facilitado.

É interessante notar que, tendo defendido a reforma gerencial do Estado e os direitos republicanos nos anos 1990, a partir da década de 2000 Bresser Pereira passou a fazer uma autocrítica: a reforma gerencial guardaria muitos pontos de contato com o neoliberalismo (que prevê a redução sistemática do Estado e a ampliação do mercado). Ainda assim, em sua autocrítica Bresser Pereira não se refere aos direitos republicanos; dessa forma, é lícito concluir que, para ele, essa quarta geração de direitos é uma proposta social e política válida.

Questões para reflexão

1. Para Ulisses Guimarães, o Estado deveria permitir a representação política (popular), especialmente por meio do parlamento e, assim, realizar uma série de tarefas históricas: o fim das desigualdades, o desenvolvimento econômico etc. A sociedade civil deveria ser ativa em termos políticos, expressando opiniões e interesses, fiscalizando o Estado e valorizando a democracia. A democracia, por sua vez, deveria ser entendida como a participação popular (entre cujos mecanismos estaria a vida partidária) e como espaço de liberdades.

2. Para Bresser Pereira, o Estado brasileiro tem um importante papel no desenvolvimento econômico do Brasil; deve prover serviços públicos de qualidade (educação, saúde, previdência), mas não mais atuar na produção econômica. Assim, tem de ter robustez na prestação de serviços, mas também criar e administrar um ambiente econômico adequado à atividade econômica da iniciativa privada. Essas atividades devem se realizar em um quadro institucional democrático e republicano. A sociedade, por outro lado, deve atuar também nos âmbitos político, social e econômico – no político, por meio da participação política direta (em conselhos públicos), em partidos políticos e na fiscalização do Estado; no social, mediante as diversas atividades de clubes, associações, entidades etc.; no econômico, deve produzir bens e serviços de qualidade para o desenvolvimento nacional.

3. As perspectivas de cada um desses filmes são diferentes. O primeiro enfatiza os problemas sociais específicos, ao passo que o segundo abarca questões sociais e institucionais mais amplas. De qualquer maneira, em ambos fica evidente uma estruturação da sociedade, mas com viés negativo: as relações entre os traficantes de drogas e a alta classe média são estabelecidas e têm força; a essas relações justapõe-se a corrupção policial, que impede o combate ao crime; por fim, há uma desmoralização generalizada do sentimento de "público" e do respeito às leis. No segundo filme, esses problemas são vistos sob o prisma do Estado: a corrupção e as iniciativas positivas podem ser usadas com fins negativos; além disso, há relações sociais bem estabelecidas, mas profundamente prejudiciais ao bem público.

Sobre o autor

Gustavo Biscaia de Lacerda é bacharel em Ciências Sociais (2001) e mestre em Sociologia (2004) pela Universidade Federal do Paraná (UFPR) e doutor em Sociologia Política (2010) pela Universidade Federal de Santa Catarina (UFSC). Realizou estágio pós-doutoral em Teoria Política (2012-2013) na UFSC. Desde 2004 exerce o cargo de sociólogo da UFPR. Foi editor-executivo da *Revista de Sociologia e Política* (2006-2013).

Na graduação e no mestrado, estudou política internacional, mais especificamente, alguns aspectos da política externa brasileira. No doutorado e no pós-doutorado, dedicou-se à teoria política de Augusto Comte e à ação dos positivistas brasileiros a propósito da laicidade do Estado. Desde 2015, pesquisa a organização das universidades brasileiras e o combate à evasão escolar universitária.

Mantém o *Blog Filosofia Social e Positivismo:* <http://filosofiasocialepositivismo.blogspot.com.br>. *E-mail* de contato: gblacerda@ufpr.br.

Os papéis utilizados neste livro, certificados por
instituições ambientais competentes, são recicláveis,
provenientes de fontes renováveis e, portanto, um meio
sustentável e natural de informação e conhecimento.

FSC
www.fsc.org
MISTO
Papel produzido
a partir de
fontes responsáveis
FSC® C023626

Impressão: Log&Print Gráfica e Logística S.A.

Março/2019